Hans Maier (Hrsg.)

Was hat Europa zu bieten?

Sein geistig-kultureller Beitrag in einer Welt des Geldes

Verlag Friedrich Pustet Regensburg

Themen der Katholischen Akademie in Bayern.

Die Deutsche Bibliothek – CIP-Einheitsaufnahme

Was hat Europa zu bieten? : Sein geistig-kultureller Beitrag in einer Welt des Geldes / Hans Maier (Hrsg.). – Regensburg : Pustet, 1998
ISBN 3-7917-1621-2

ISBN 3-7917-1621-2
© 1998 by Verlag Friedrich Pustet, Regensburg
Umschlaggestaltung: Treitner Kreation & Kommunikation, München
Gesamtherstellung: Friedrich Pustet, Regensburg
Printed in Germany 1998

Inhalt

Vorwort

Ein eigener, von Asien abgehobener Erdteil ist Europa nicht aufgrund geographischer Gegebenheiten, sondern kraft seiner Prägung *durch Geschichte und Kultur.* So wurde der europäische Kontinent vor allem in der Neuzeit zum Zentrum von Wissenschaft, Wirtschaft, Politik – zu jenem Teil der Erde, in dem sich »auf engstem Raum die höchste Kraft des Völkerlebens« zusammendrängte (W. Schulz).

Diese Entwicklung ist vorbereitet in den Mittelmeerkulturen, die dem modernen Europa vorausgehen. Schon in der Antike beginnen sich – bei engem räumlichem Zusammenhang – »Orient« und »Okzident« als etwas Verschiedenes zu empfinden. Bei den Griechen werden Grundzüge des europäischen Zugangs zur Welt sichtbar: *politisch* in der Freiheit gleichberechtigter Menschen (im Unterschied zu Herrschaft und Knechtschaft in orientalischen Reichen) und *philosophisch* im freien Erkunden und Wissenwollen (im Gegensatz zu östlicher Weisheit und Versenkung). Seither gilt als *europäisch* eine Lebensordnung, die getragen wird von beweglichen, erfinderischen, anpassungsfähigen Menschen; die bestimmt ist von Entdeckungsfreude und rationalem Zugriff auf die Welt; der die Individualität mehr bedeutet als die Masse, die Freiheit mehr als die Macht.

Für die Begegnung und Entfaltung von Menschen und Völkern bietet Europa günstige äußere Bedingungen. Extreme Klimaunterschiede sind hier ebenso unbekannt wie ausgedehnte Wüsten, Steppen und Ödländer. Besonders der Süden, Norden und Westen sind reich gegliedert: kaum ein anderer Teil der Erde besitzt eine so lange Küstenstrecke und steht mit dem Meer in so enger Verbindung wie Europa. Erzeugnisse der verschiedensten Art, differenziert nach geographisch-klimatischen Zonen, verweisen die Menschen auf Austausch, Handel, arbeitsteilige Kooperation. Die Bevölkerungsdichte gehört traditionell zu den höchsten der Erde. Eine Fülle von Völkern und Staaten lebt hier auf engem Raum zusammen. Kleinräumigkeit ist ein typisches Merkmal des europäischen Lebens.

In den äußeren Verhältnissen Europas, aber noch mehr in der inneren Haltung der Europäer liegt es begründet, daß Europa sich immer wieder gegen Versuche der Fremdbestimmung, der Unterwerfung von außen behauptet hat. Im Laufe der Jahrhunderte setzte es sich erfolgreich gegen zahlreiche Eroberer aus dem Osten und Südosten (Perser, Hunnen, Mongolen, Türken) zur Wehr. Aber auch Hegemonialbildungen im Inneren waren in Europa nie von Dauer: das gilt sowohl für die Ansätze einer spanisch-deutschen Weltmacht im 16. Jahrhundert wie später für die Eroberungen Ludwigs XIV., der Französischen Revolution und Napoleons – von den tönernen Reichen Mussolinis, Stalins, Hitlers im 20. Jahrhundert nicht zu reden.

Was hat Europa heute zu bieten? Wo liegt sein geistiger, sein kultureller Beitrag in einer Welt der Globalisierung, der internationalen Wirtschaftsverflechtungen, der nationalen Rivalitäten? Kann von ihm ein Anstoß ausgehen für die zusammenwachsende *Eine Welt?* Diesen Fragen ging eine Tagung der Katholischen Akademie in Bayern nach, die am 17. und 18. Oktober 1997 in München stattfand. Ich danke den Referenten herzlich für ihre Bereitschaft, ihre Beiträge für den vorliegenden Band in überarbeiteter Form zur Verfügung zu stellen. Mögen die hier vereinigten Stimmen das Gespräch über Europa als *kulturelle Gemeinschaft* anregen und fördern!

München, im Juli 1998   Hans Maier

Antike Anfänge Europas

ALBERT VON SCHIRNDING

Wenn die Katholische Akademie eine Tagung über Europa veranstaltet, tut sie es bereits in europäischem Geist. Denn der Wunsch, sich selbst zu verstehen, die eigene Art gegen das Andersartige, das deshalb keineswegs abgewertet oder abgewehrt werden muß, abzugrenzen, ist etwas genuin Europäisches. Es handelt sich um Re-flexion im eigentlichen Wortsinn; sie hat ihren Ursprung bei den Griechen.

Wir stoßen also, indem wir fragen, was wir da eigentlich tun, wenn wir über Europa nachdenken, auf die griechische Antike. Meist ohne es zu wissen, verhalten wir uns in sehr vielen Beziehungen typisch griechisch. So ist zum Beispiel unsere Körperhaltung von der griechischen geprägt; wir können sie bei einem Gang durch die Münchner Glyptothek den Statuen des fünften vorchristlichen Jahrhunderts ablesen. Sie sind nackt, stehen frei im Raum, haben ihren Schwerpunkt in sich selbst. Es sind wirkliche Stand-Bilder. Ihre Selb-ständigkeit setzt technisch den Kontrapost, die Unterscheidung von Stand- und Spielbein voraus. Er ist aber nur das Begleitphänomen eines bestimmten Körperempfindens, ja eines bestimmten Menschenbildes. Man geht und steht nicht einfach nach Maßgabe der Anatomie, geistig-kulturelle Einflüsse sind im Spiel. Wir begegnen uns selbst, wenn wir die Glyptothek besuchen.

Auch die Katholische Akademie gäbe es nicht, weder dem Namen nach noch als Institution, würde das griechische Vorbild fehlen. Im Nordwesten Athens lag eine Sportstätte, ein Gymnasion, inmitten eines Bezirks, der einem gewissen Heros Akademos oder Hekademos geweiht war; über diesen lokalen Heiligen wissen wir weiter nichts. Um 385 v. Chr. gründete Platon in einem Gartengrundstück in der Nähe dieses Gymnasions eine Schule, die nach ihrem zufälligen Standort *Akadēmeia* hieß. Sie bestand 900 Jahre und wurde erst 529 durch den Kaiser Justinian geschlossen – übrigens im selben Jahr, in dem Benedikt sein Kloster Montecassino gründete. Wem es auf deutliche Zäsuren ankommt, mag sich an dieses Jahr 529 halten, weil es durch das Zusammentreffen der beiden Ereignisse zugleich das Ende der Antike und den Beginn des Mittelalters bezeichnet. Griechische Kultur lebte aber in Byzanz fort. Erst nach seiner Eroberung 1453 durch die Türken verlagerte sich der Strom dieser Überlieferung nach Westen und vereinigte sich mit dem durch die Römer vermittelten antiken Erbe. Die Gründung einer platonischen Akademie in Florenz, die mit der Übersetzung Platons durch Marsilio Ficino zusammenfiel, ist ein entscheidender Wiedergeburtsakt im Rahmen der italienischen Renaissance; ihm verdanken unsere modernen Akademien ihre Existenz.

Die Bedeutung von »katholisch« im Sinne einer weltumfassenden Kirche geht auf das griechische Adjektiv *katholikós* zurück, das aus der Präposition *katá* und dem Adjektiv *holos* zusammengesetzt ist – auch im Holismus und im Holocaust lebt dieses griechische Wort weiter. Inhaltlich hat das Katholische seine Herkunft freilich nicht im Griechischen, sondern im spezifisch Römischen; denken wir nur an die Kolonnaden Berninis als Ausdruck einer weltumspannenden geistigen Macht mit dem Zentrum in Rom – *urbs* und *orbis* stehen im selben Verhältnis zueinander wie im römischen Weltreich.

Mein Thema ist uferlos. Also zurück zu den Quellen oder gar zu der Quelle. Das führt zu Homer, in dem schon die Alten den Erzieher ganz Griechenlands sahen. Die »Ilias« aus dem letzten Drittel des achten vorchristlichen Jahrhunderts war so etwas wie die Bibel der Griechen und wurde folglich auch zu einem Grundtext der abendländischen Kultur. Wobei man sich klarmachen muß, daß die Antike in doppelter Weise auf Europa eingewirkt hat. Nämlich einerseits vermittelt durch Traditionszusammenhänge, andererseits unmittelbar durch den Rückgriff eines Zeitalters auf die als musterhaft, gelegentlich auch als antipodisch empfundene Antike.

Die europäische Literaturgeschichte wandelt in den von den Griechen gebahnten Spuren, orientiert sich an den von Goethe sogenannten Naturformen der Dichtung, die sich in Griechenland eine nach und aus der anderen entwickeln: Epos, Lyrik und Drama. Jeder moderne Roman ist ein Abkömmling der homerischen Epen, wie – bei aller Verschiedenheit – ein lyrisches Gedicht von heute auf Archilochos und Sappho zurückgeht, ein aktuelles Theaterstück auf die athenischen Tragiker und Menander.

Aber neben diesem kontinuierlichen, zeitweise latenten Nachleben des Altertums gibt es den Direktbezug zwischen einer Gegenwart und der Antike, so daß man fast jede Epoche nach ihrer Nähe oder Ferne zu den Griechen und/oder den Römern charakterisieren könnte. Homer gab immer in gewisser Weise den Ton an, und ohne ihn würde kein Vergil bei Dante eine so bedeutende Rolle spielen: »Durch dich ward Dichter ich, durch dich zum Christen.« Der Vater des Abendlands hat seinerseits Homer zum Vater oder doch zu einem seiner Väter. Außerdem jedoch kamen immer wieder Zeiten, die Homer für sich neu entdeckten; man denke an die Generation des jungen Goethe, oder an Odysseus als Identifikationsfigur für den Heimkehrer aus dem Zweiten Weltkrieg. Die sophokleische Antigone war nie ganz tot und doch wurde sie von Fall zu Fall zu neuem Leben erweckt durch Menschen in bestimmten historischen Situationen, die sie als Schwester erkannten.

Homer, um zu ihm zurückzukehren, ist ein Urquell europäischer Kultur. Ich nenne drei Ströme, die in ihm einen ihrer mächtigsten Ursprünge haben: die *Sprache,* den *Mythos,* ein Ensemble *archetypischer Figuren.*

Achill, Patroklos, Hektor, Kassandra, Odysseus, Telemach, Penelope, Nausikaa sind in unzähligen Metamorphosen lebendig geblieben. »Am meisten aber lieb' ich und bewundere den Dichter aller Dichter um seines Achilles willen«, schreibt Hölderlin. »Es ist einzig, mit welcher Liebe und welchem Geiste er diesen Charakter durchschaut und gehalten und gehoben hat. Nimm die alten Herren Agamemnon und Ulysses und Nestor mit ihrer Weisheit und Torheit, nimm den Lärmer Diomed, den blind tobenden Ajax, und halte sie gegen den genialischen, allgewaltigen, melancholisch zärtlichen Göttersohn, den Achill …, und wie der Dichter ihn, den Jüngling voll Geist und Anmut, in die Mitte gestellt hat zwischen Altklugheit und Rohheit, und du wirst ein Wunder der Kunst in Achilles' Charakter finden.« In Christa Wolfs »Kassandra«-Erzählung ist dieses Musterexemplar gelungener Menschlichkeit ein Macho und Schlächter geworden: »Achill das Vieh«. Auch das ist eine mögliche Variation.

Die Präsenz des griechischen Mythos in der Gegenwart liegt auf der Hand. Dieser Mythos war und ist eine europäische Gemeinsprache. Apollon, Dionysos, Hermes, Prometheus, Orpheus, Ikaros, Orest, Elektra, Ödipus und nicht zuletzt die von Zeus entführte phönikische Königstochter Europa selbst haben mit ihren Geschichten europäische Geschichte gemacht. Ich will hier nur ein eher unscheinbares Beispiel anführen: Persephone spielt fern ihrer Mutter Demeter mit den Töchtern des Meeresgottes auf blumenübersäter Frühlingswiese. Verführt vom Duft der Narzissen und Hyazinthen, bückt sie sich über einen besonders lieblich und üppig sprossenden Blütenteppich – da tut sich ein Spalt in der Erde auf und gibt einen Blick in das Totenreich frei. Schon ist sie ihm verfallen. Als Gattin des Totengottes, des Hades oder Pluton, muß sie ihm in die dunkle Tiefe folgen. Die Trauer der Mutter bewegt Zeus schließlich zu dem Ratschluß, Persephone für zwei Drittel des Jahres auf die Erde zurückkehren zu lassen. Wohin sie den Fuß setzt, sprießen Blumen auf.

Ist diese Erzählung nichts als ein sogenannter Vegetationsmythos, der den Eintritt des Frühlings in eine anthropomorphe Geschichte einkleidet? Die Wahrheit würde dann im physikalischen Vorgang zu suchen sein, der aus der mythischen Hülle herausgeschält werden muß. Aber wir erfahren den Frühlingsanfang nun einmal nicht als naturgesetzlich ablaufendes Geschehen, sondern als Auferstehungs-Ereignis: das der Wiedergeburt erstarrten Lebens. Seine wissenschaftliche Erklärung befriedigt unsere intellektuelle Neugier, wird aber dieser Erfahrung nicht gerecht. »Frühling 1946« heißt ein Gedicht von Elisabeth Langgässer, in dem das Ende der faschistischen Diktatur und der Berliner Bombennächte, das Erwachen der Dichterin aus dem erzwungenen Schweigen, vor allem die Rettung der Tochter aus der nationalsozialistischen Vernichtungsmaschinerie zum griechisch-mythischen Bild gerinnen als der diesen Erfahrungen einzig angemessenen Ausdrucksform:

12

»Aus dem Reich der Kröte
steige ich empor,
unterm Lid noch Plutons Röte
und des Totenführers Flöte
gräßlich noch im Ohr.«

Drittens die Präsenz der griechischen und lateinischen Sprache in den europäischen Sprachen, die ja nicht nur eine nominale ist, sondern mit den Wörtern auch deren Inhalte, oft mit starkem Bedeutungswandel, transportiert. Wir sprechen von Euroklassizismen, Herz- und Wurzelwörtern der europäischen Kultur. Auch hier ist Homer der früheste Quellbereich; es genügt, an *theós, psychē* oder *Musa* zu erinnern. Büchners »Geflügelte Worte« sind eine direkte Übersetzung der homerischen »epea pteroenta«, der – wegen des Vergleichs mit Vögeln – »befiederten Worte«.

Der Anteil ursprünglich lateinischer und griechischer Wörter am deutschen Lehnwortschatz beträgt etwa 80 Prozent; hinzu kommen sogenannte Bedeutungslehnwörter, d. h. aus dem Griechischen und Lateinischen übersetzte Begriffe, wie »Schauplatz« für »Theater«, »Beweisgrund« für »Argument«, »Tatsache« für »Faktum«, »Einbildungskraft« für »Phantasie«. Der Einfluß der Antike auf die europäischen Sprachen hat sich durch die Jahrhunderte immer wieder als grenzenüberschreitend und grenzenaufhebend erwiesen. Namentlich in der deutschen Sprache sind zahlreiche griechische Wörter durch das Englische und Französische vermittelt. Die französische Betonung hat sich etwa in »Skandal«, »Philosoph«, »Barbar«, »Kritik«, »Musik«, »Politik«, »Mathematik«, »Physik« erhalten; die lateinische Betonung hat sich dagegen in »Grammatik« oder »Rhetorik« und in allen griechischen Eigennamen durchgesetzt. Wir sagen »Sókrates«, nicht »Sokrátēs«. Alle -ik-Bildungen gehen auf die griechische Adjektivbildung auf »-ikós« zurück: »Politik« ist griechisch *politikē technē,* eine sich auf die Polis beziehende Kunst. An dieser Stelle darf nicht unerwähnt bleiben, daß das Griechische als die Sprache des Neuen Testaments die Christianisierung der europäischen Sprachen stark beeinflußt hat – freilich fast immer auf dem Umweg über das Lateinische. »Kirche« kommt von *kyrikē oikia* (»Haus, das dem Herrn gehört«), »Bischof« von *episkopos* (»Aufseher«), »Engel« von *angelos* (»Bote«), »Teufel« von *diabolos* (»Durcheinanderwerfer«) – »des Chaos wunderlicher Sohn« heißt er im »Faust«.

Die von Europa übernommene internationale Wissenschaftssprache, auf der für das mittelalterliche und humanistische Europa verbindlichen lateinischen Gelehrtensprache fußend, eine Art Wissenschafts-Esperanto, macht laufend neue Anleihen am lateinischen, vor allem am griechischen Fundus. Griechische Vor- und Endsilben eignen sich besonders gut für Neubildungen; man denke an »prōto-«, »neo-«, »makro-«, »mikro-«, »pan-«, »poly-«, »hypo-«, »philo-«, an »-morph« und »-ismos«. Ich zitiere aus einem Aufsatz, der vor zwanzig Jahren in der FAZ unter dem Titel »Die Griechen kommen« über die zunehmende Hellenisierung der europäischen Sprachen berichtete: »Der Wirtschaftswissenschaftler Xenophon Zolotas, Direktor der Bank von Griechenland, hat anläßlich eines Währungskongresses im Jahre 1957 von den enormen kreativen Möglichkeiten des Griechischen Gebrauch gemacht und in einer Rede, gehalten in korrektem Englisch und am 27. September 1957 von der ›New York Times‹ publiziert, ausschließlich Wörter verwendet, welche ihrem Ursprung nach griechisch sind. Auch das Französische«, heißt es weiter, »unterliegt wachsendem hellenischem Einfluß. Bereits 1866 schlug A. Régnier einen französischen Dictionnaire mit Wörtern ausschließlich griechischen Ursprungs vor. In Pierre Gilberts ›Dictionnaire des mots nouveaux‹ (Paris 1971) gehen 589 von 2046 erfaßten Begriffen – mehr als ein Viertel – direkt auf das Griechische zurück.«

Und so weiter. Mein Thema, wie gesagt, ist uferlos. Eine stoffliche Erschließung müßte auf eine mehr oder weniger zufällige Auswahl aus den Materialmassen, bestenfalls auf den Versuch, diese Massen nach Sachgruppen zu ordnen, hinauslaufen. Das erscheint mir wenig sinnvoll. Ich will also von jetzt an anders vorgehen und nach spezifischen antiken Haltungen, Einstellungen, Prinzipien fragen, die für Europa grundlegend wurden – von der Art wie die eingangs erwähnte Reflexivität.

Auch hier kann Homer als Ausgangspunkt dienen. Streit ist die eigentliche, noch hinter der Leidenschaft, die sich im rasenden

Zorn des Achill äußert, stehende Ur-Sache der unendlichen Leiden, die der Krieg zwischen Griechen und Troern mit sich bringt – der Krieg, der in Homers Darstellung zum Prototyp eines universalen Geschehens wird, in das auch die Götter hineingezogen werden. In der Vorgeschichte tritt die Zwietracht, griechisch Eris, als handelnde Person auf. Zum ersten Mal verbindet sich eine Göttin mit einem sterblichen Mann, ein Ereignis, das die im Prometheus-Mythos zum Ausdruck gebrachte tödliche Feindschaft der olympischen Götter gegen die Menschen beendet. Die Meeresgöttin Thetis, um die einst Zeus selber freite, heiratet den König Peleus von Thessalien. Der dieser Ehe entstammende Sohn wird Achilleus heißen. Zur Hochzeitsfeier erscheinen alle Götter als Gäste, mit einer Ausnahme: Eris ist nicht geladen. Aber auch das schönste Fest vermag die Zwietracht nicht aus der Welt zu schaffen. So erscheint Eris an der Tür zum Saal und wirft ihre Hochzeitsgabe, einen Apfel, unter die Gäste.

Mit den Äpfeln hat es eine eigene Bewandtnis. Im Paradies wird einer zur Ursache von Sterblichkeit und Scham und schweißtreibender Arbeit, hier ist der schrecklichste Krieg, von dem die alte Welt wußte, gleichsam in seinem Gehäuse beschlossen. Denn dieses Urbild aller Zankäpfel löst einen Streit aus zwischen den mächtigsten drei Göttinnen: Hera, Athene und Aphrodite. Die Schönste soll ihn bekommen – aber wer ist die Schönste?

Zeus überläßt die Entscheidung einem Menschen: dem Sohn des Troerkönigs, Paris. Warum? Weil nur die Menschen sich entscheiden müssen. Das Sein, das die Götter repräsentieren, ruht in sich selbst, aber den Sterblichen begegnet es in vielerlei und widersprüchlicher Gestalt: zum Beispiel als Krieg, Macht, Liebe. Athene verspricht dem Paris Heldentum, Hera Königtum, Aphrodite die schönste Frau: Helena. Der junge Mann muß wählen: Kriegsruhm oder Machtbesitz oder Liebesglück. Durch die Wahl macht er sich auf jeden Fall schuldig an den unergriffenen Daseinsmöglichkeiten. Die Liebeswahl des Paris führt zum trojanischen Krieg.

All das war als Hintergrund dem Hörer der Einleitungsverse zur Ilias gegenwärtig. Auch hier wird als die Quelle des Ereignisstroms, den das Epos verfolgen wird, Eris genannt. Denn der Zorn des Achilleus und die ungeheuren Qualen, die durch ihn über die

Griechen kommen, entspringen dem Konflikt zwischen den beiden Männern, die den ersten Platz im Heer beanspruchen: der eine, Agamemnon, kraft seiner Stellung als Heerführer, der andere, Achilleus, kraft seiner überragenden Leistung im Kampf.

»Singe den Zorn, Göttin, des Peleussohnes Achilleus, den verderblichen, der über die Griechen unzählige Schmerzen brachte, viele starke Seelen von Helden dem Hades vorwarf, sie selbst aber zur Beute machte den Hunden und den Vögeln zum Mahl. Doch erfüllte sich in allem der Wille des Zeus. Seitdem am Anfang im Streit sich entzweiten der Atride, der Gebieter der Männer, und der göttliche Achilleus.«

Ein Riß wird sichtbar, der als latente Spannung das Lager der Griechen – die bei Homer Achaier heißen – beherrscht; aus anfänglich harmloser, dann rasch erregter Rede und Gegenrede hebt Eris ihr Haupt. Es gibt kein Zurück mehr, weil beide Männer nach dem Gesetz ihres Wesens handeln. Der Streit ist die Wahrheit – oder, wie Homer es ausdrückt: In allem Geschehen, das durch ihn verursacht wird, erfüllt sich der Wille des Zeus. Bewegung kommt aus der Energie, die der Zusammenstoß von Gegensätzen erzeugt. Zweihundert Jahre später wird ein Philosoph den Homer aus dem Bild in den Gedanken übersetzen und sagen: »Krieg ist der Vater von allem, von allem der König« und »Wissen muß man, daß der Krieg allen gemeinsam ist und Recht Streit ist und daß alles geschieht gemäß dem Streit, und zwar mit Notwendigkeit.« Damit hat Heraklit die Dialektik als Weltgesetz entdeckt. Auch er verwendet für dieses allem Seiende zugrundeliegende Prinzip, wenn auch vorsichtiger, den Namen des Zeus: »Eins, das Weise, allein will nicht und will beim Namen genannt werden: Zeus.« An der Schwelle vom Mittelalter zur Neuzeit wird Nicolaus von Cues Gott als »coincidentia oppositorum«, Zusammenfall der Gegensätze, begreifen.

Cusanus ist in der römischen Kirche San Pietro in Vincoli begraben, die deswegen so heißt, weil hier zu Füßen des Altars die Ketten des heiligen Petrus aufbewahrt werden. Ich gebe Reinhard Raffalt, der mit den Anfängen der Katholischen Akademie in Bayern eng verbunden war, das Wort: »Eudoxia, die Gemahlin des Kaisers Valentinian III. (Mitte des 5. Jahrhunderts n. Chr.), besaß in dieser

Zone des Esquilin einen Palast, der vorher dem Präfekten von Rom zur Residenz gedient hatte. In seinem Untersuchungsgefängnis hat wahrscheinlich Petrus in Ketten gelegen, und fromme Tradition wollte diese Ketten durch die Jahrhunderte bewahrt haben. Auch in Jerusalem war damals ein Kettenstück bekannt, das zur Fesselung Petri im Kerker gedient hatte. Eudoxia hatte die Idee, diese beiden Kettenfragmente hierher in ihre Basilika bringen zu lassen, und als man sie in feierlicher Zeremonie berührte, schlossen sie sich durch ein Wunder zusammen. Es ist ganz unwichtig, ob die Geschichte tatsächlich vor sich gegangen ist, denn die Absicht der Legende ist klar: das Reich war bereits in zwei Teile zerfallen, der Orient hatte seine eigene Kaiserherrschaft schon zu sehr gefestigt, als daß man in der alten Hauptstadt nicht alles hätte daransetzen müssen, die innere Einheit des Sacrum Imperium immer wieder zu symbolisieren. Von den beiden Ketten vertrat die eine den Osten, die andere den Westen – und indem durch einen gottgewollten übernatürlichen Vorfall die beiden Stücke sich vereinigten, tat sich in klarer Sprache der Wille des Himmels kund. Die Gegensätze, die damals politisch zwischen Byzanz und Rom bestanden, mußten in einer jenseitigen Sphäre aufhebbar sein – der Machtspruch des Himmels mußte die Einheit und Harmonie des Erdkreises dokumentieren, die zu vergehen drohten.«

Soweit Reinhard Raffalt. Heraklit prägte den Ausdruck der »palintonos harmonia«, der spannungsvollen Harmonie. Es ist ein Schlüsselwort für griechisches *und* europäisches Fühlen und Denken. Die Wirklichkeit wird in Gegensätzen erfahren und begriffen: hier Apollon, dort Dionysos, hier Menschen, dort Götter, hier Mythos, dort Logos, hier das Wort (*logos*), dort die Tat (*ergon*), hier das Weibliche, dort das Männliche: Die Erinyen verfolgen den Muttermörder Orest, der doch im Auftrag Apollons den Vater gerächt hat (Aischylos, Orestie). Hier das freie Athen, dort das von Zwängen beherrschte Sparta, hier westliche, dort östliche Eigenart, hier die Welt der sinnlichen Wahrnehmung (*mundus sensibilis*), dort der Bereich geistiger Erkenntnis (*mundus intelligibilis*). Die Reihe ließe sich noch lange fortsetzen. Wesentlich ist, daß diese Gegensätze einander nicht ausschließen, daß sie nicht dem Satz des Widerspruchs mit seinem »tertium non datur« folgen, obwohl dieser

Grund-Satz abendländischer Logik von Aristoteles aus griechischem Gegensatz-Denken abstrahiert wurde.

Das Dritte ist gegeben, freilich nicht der bequemen Selbstverständlichkeit täglicher Erfahrung, die die Menschen gefesselt hält wie Platons Höhlenbewohner. Sie leben getrennt von der Wahrheit, im Zustand des *Chōrismós*, verwechseln die Schatten mit den Dingen selbst, die diese Schatten werfen. Einer muß kommen, der die Fesseln abnimmt, ein Philosoph, ein Erzieher. Aufstehen, gehen, sehen – mit Beinen und Augen, die das nicht gewohnt sind: Das ist ein überaus schmerzhafter Vorgang, der Widerstand hervorruft. Wer trotzdem aus der Höhle herausfindet, begreift die Schatten als Schatten. Die Trennung ist aufgehoben durch die *methexis*, die Teilhabe. Die Schatten drunten sind ja Abbilder der Dinge droben. Das Dritte, Einigende, Eine geht dem Auge als Sonne auf. Sie selbst aber ist auch nur Abbild, Abkömmling. Über die Kluft zwischen dem *mundus sensibilis* und dem *mundus intelligibilis* spannt sich die Brücke der Analogie, auf der man zur Erkenntnis der Idee des Guten als der höchsten, allesvereinigenden Wirklichkeit gelangt. Mit Heraklits Worten: »Nicht mich, sondern den Logos zu hören und dann im Einklang mit ihm zu sagen: Alles ist eins – das ist weise.«

Das »Hen kai Pan« (»Eins und Alles«) war das Losungswort für die neunzehnjährigen Freunde Hölderlin und Hegel im Tübinger Stift. Der eine hat aus dem Pathos dieser Formel seinen »Hyperion«, der andere seine »Phänomenologie des Geistes« hervorgebracht. »Wie der Zwist der Liebenden«, heißt es am Ende des Romans, »sind die Dissonanzen der Welt. Versöhnung ist mitten im Streit und alles Getrennte findet sich wieder.« Hegel formuliert die Quintessenz griechischen Polaritätsdenkens nüchterner, lapidarer, apodiktischer: »Das Wahre ist das Ganze.«

Im Fall des Dramas, das den Konflikt unversöhnlicher Gegensätze als gattungsbestimmend voraussetzt (wie die klassische Statue den Kontrapost), ist dieses Ganze oft nicht in einem versöhnlichen Ausgang zu finden, auch wenn es große Gegenbeispiele gibt: In den »Eumeniden« des Aischylos, dem dritten Stück der »Orestie«, sind mutter- und vaterrechtliche Ansprüche, zwischen denen der handelnde Mensch – Orest – zerrissen ist, zum Ausgleich gebracht

– ganz im Hegelschen Sinn der Aufhebung von These und Antithese in der Synthese. Aber am Ende des Sophokleischen »Ödipus« steht der vollständige Triumph des von den Göttern verhängten Geschicks über den Menschen, der es wagte, dagegen aufzubegehren. Das »Ganze« liegt hier in der spannungsvollen »schönen« Form, im Kunstwerk also, das zum ästhetischen Vorschein bringt, was die Realität uns vorenthält.

Zu den Formelementen der Tragödie und Komödie gehört der Agon. Die Eris drückt sich in Rede und Gegenrede aus, die sich zur Stichomythie erhitzt, in der die streitenden Sprecher von Vers zu Vers wechseln. Bei Euripides sind solche Wortgefechte unter dem Einfluß der Sophistik zur Meisterschaft gesteigert. Eine Schrift des Sophisten Protagoras heißt *kataballontes logoi*, »Niederschmetternde Reden«. Das Wort wurde in der radikalen athenischen Demokratie zur Waffe im Kampf um das Recht des Stärkeren: die Agora in Athen als Vorbild des Freien Markts. Hier ist das tertium verschwunden, das der platonische Dialog wieder in seine Rechte einsetzt. Denn in ihm geht es um *homologia*, um Übereinstimmung der Gesprächspartner im Hinblick auf das jeweils gesuchte Wahre.

Die Aufführungen der Tragödien waren ihrerseits als Agon organisiert, die Dichter traten als Konkurrenten an wie sportliche Wettkämpfer – wie überhaupt der Sport als Ausdruck des agonalen Grundzugs ihrer Kultur eine Erfindung der Griechen ist.

Nicht zuletzt prägt die polare Struktur des griechischen Denkens die Weise der Selbstbegegnung, die in der Gegenüberstellung mit dem und den Fremden stattfindet. Auch dafür bietet die Tragödie ein großartiges Beispiel. Acht Jahre nach dem gegen alle Wahrscheinlichkeit errungenen Sieg der Griechen über die Perser bei Salamis bringt Aischylos das weltgeschichtliche Ereignis auf die Bühne, aber nicht als nationale Selbstfeier, sondern im Spiegel der Niederlage des Angreifers. Nichts von Triumph angesichts seiner Katastrophe, keinerlei Schadenfreude oder auch nur Genugtuung über den Sturz des Mächtigen. Nur Schauder im Anblick dessen, der so tief gefallen ist, weil er zu weit ging und das den Sterblichen gesetzte Maß überschritt. Der geschlagene Xerxes erscheint im Licht des tragischen Helden. Er ist der Gefahr erlegen, der das menschliche Dasein immer und überall ausgesetzt ist. So wird es möglich, im besiegten Todfeind den eigenen Schatten zu beklagen, das Fremde, der hellenischen Wesensart Entgegengesetzte nicht auszugrenzen, sondern es im wahren Sinn des Wortes zu ver-stehen. Hektor, Dareios, Kroisos sprechen griechisch. Die Mahnung »Denkt an Athen und Hellas«, die der aus dem Grabe gestiegene Schatten des Perserkönigs Dareios ausspricht, gilt im Stück den Persern, eigentlich aber den griechischen Zuschauern im Dionysostheater von Athen.

Auch hier treffen wir wieder auf den dialektischen Dreischritt. Die Perser im hochfahrenden Vertrauen auf ihre Überlegenheit und in ihrem maßlosen Eroberungsanspruch sind den an apollinischer Maßethik orientierten Griechen entgegengesetzt. Aber es gibt ein gemeinsames Drittes: den Menschen in seiner Größe und Gefährdetheit. Herodot, dessen Geschichtswerk nicht einfach eine Darstellung der Perserkriege ist, sondern der das historische Ereignis zum Anlaß nimmt, westliche gegen östliche Wesensart abzugrenzen, ist weit davon entfernt, die Griechen auf Kosten der sogenannten Barbaren (dem Begriff fehlt das Abträgliche, das wir mit ihm verbinden) aufzuwerten. Sich über das Fremde lustig zu machen, es zu verachten ist ein Zeichen von Beschränktheit, also Dummheit; wenn sie aggressiv wird, schlägt Dummheit in Wahnsinn um, wie Herodot am Beispiel des Perserkönigs Kambyses zeigt, der den ägyptischen Apis tötet, nachdem er dessen Priester verspottet hat. Das Andere wird in seiner Andersartigkeit in aller Schärfe gesehen, aber nicht mit dem konfessionellen Blick auf den Ketzer, sondern aus einem tiefen Interesse für das Menschliche in seiner Vielfalt.

Dieses Interesse hat im Zusammenwirken mit einer außerordentlichen Assimilationsfähigkeit zur Profilierung und Artikulierung der griechischen Eigenart und damit zum Begriff Europa geführt – nicht von ungefähr in einer Randzone Europas, an der Grenze von Westen und Osten.

Herodots berühmte Erzählung von der Begegnung des Atheners Solon mit dem orientalischen, sagenhaft reichen König Kroisos stellt als Inbegriff griechischer Weisheit (Solon wurde ja unter die Sieben Weisen gezählt) heraus, man müsse bei allem auf das Ende blicken. Deshalb muß Solon Kroisos enttäuschen, der mit

Sicherheit erwartet, von dem prominenten Besucher als der glücklichste unter den Menschen gepriesen zu werden. Kroisos setzt die glückliche Gegenwart absolut, Solon relativiert sie als den vorübergehenden Moment innerhalb einer noch offenen Lebensgeschichte. Erst am Ende zeigt sich, was eine Sache in Wahrheit ist.

Die Ost-West-Polarität ist hier also im Gegenüber von Sein und Werden gefaßt, und dieses Werden wird von seinem Ziel her bestimmt. Erst das an ein gutes Ende gelangte, erfüllte Leben, der *bios teleios*, verdient das Prädikat des Geglückten. Neben die *Polarität* tritt so die *Finalität* als ein integratives Element europäischen Selbstverstehens. Homers »Odyssee« folgt wie ihr Held dem Prinzip einer zielorientierten Bewegung. Die Muse hat von Anfang an Ithaka im Blick. Odysseus wird zur Leitfigur des abendländischen Menschen, der sich nicht im bloßen Da-Sein erfüllt, sondern erst »nach Hause«, zu sich selbst kommen muß. Nicht Götter, Helden, Gefährten, Kyklopen, Sirenen, Freier, die bunten Wechselfälle der Abenteuergeschichte bilden den eigentlichen Inhalt des Epos, sondern der innere Vorgang: die aufenthaltsreiche und immer wieder gefährdete Heimkehr eines Ichs zu sich selbst. Der Prozeß der Selbstfindung verläuft so wenig linear wie die Bahn des Irrfahrers, sondern vollzieht sich nach dem Gesetz von »Stirb und Werde«. Das europäische Unruhe-Wesen, das hier seinen Ursprung hat, findet in der Figur des Faust sein sinnfälligstes Symbol.

Aus der Wurzel dieser griechischen Dynamik sind Theorie und Praxis von antiker und europäischer Bildung und Erziehung entstanden. Telemachos, der Sohn des Odysseus, figuriert in der abendländischen Pädagogik als Urbild des jungen Menschen, der erst zu sich selbst gebracht werden muß, dem geholfen werden muß, die in ihm schlummernden Möglichkeiten des Mensch-Seins zu entwickeln. Werde, der du bist! Der Erziehungsgedanke spielt in der griechischen Kultur eine so zentrale Rolle, daß ein klassischer Philologe in der ersten Hälfte unseres Jahrhunderts die ganze griechische Geistesgeschichte in drei dicken Bänden am Leitfaden der *Paideia* beschreiben konnte.

Aristoteles faßt die griechische Tendenz zum Ende als Vollendung in seiner teleologischen Weltdeutung zusammen. Jedes Seiende ist in Bewegung, unterwegs von der Möglichkeit, etwas Bestimmtes zu sein, zu seiner Wirklichkeit. Hat es über zahllose Metamorphosen hinweg seine endgültige Gestalt gefunden, ist es bei sich angekommen, zu sich selbst gekommen. Es ist sozusagen in sein Wesen eingekehrt. Das Ziel, griechisch *telos,* das es von Anfang an in sich hat (*echei*) wie ein Samenkorn die fertige Pflanze als Möglichkeit in sich trägt, heißt »Entelechie« – so definiert Aristoteles die Seele. Die aristotelische Teleologie lebt dann weiter im Fortschrittsglauben der Neuzeit und in einer Geschichtsphilosophie, die die Wahrheit erst am Ende des Weltprozesses erwartet. Finalität – die stärkste Triebkraft des Prinzips Hoffnung.

Im Begriff der Entelechie steckt neben der Finalität eine weitere griechische Kategorie: *Individualität.* Dadurch, daß das Ziel der Entwicklung in das einzelne Phänomen selbst gelegt ist, löst es sich aus dem Geflecht von horizontalen und vertikalen Bindungen, gewinnt es an Autarkie. Das Erwachen des Ich in der griechischen Lyrik des siebten Jahrhunderts, sein Heraustreten aus mythischer und sozialer Gebundenheit sind oft beschrieben worden. Archilochos bekennt in einem Gedicht, seinen Schild im Feindesland zurückgelassen, sich selbst in Sicherheit gebracht zu haben. »Was liegt mir an jenem Schild? Soll er dahinfahren! Ich werde mir einen neuen zulegen, der nicht schlechter ist!« Also die klare Trennung des Zubehörs von der reinen Person. Jenes ist ersetzbar, diese einmalig. Wenn man sich vergegenwärtigt, welche identitätsstiftende Bedeutung die Rüstung für den homerischen Helden hat, wie ein Aias wahnsinnig wird über der Schmach, als Erbe der Waffen des gefallenen Achill hinter Odysseus zurückstehen zu müssen, ermißt man die Kühnheit des Lyrikers, der das Kriegshandwerk keineswegs verachtet, sondern im Gegenteil sich rühmt, ein Diener des Ares zu sein. Das Wort für die ent-rüstete Person heißt *autós*: Ich habe mein Selbst gerettet. Zum ersten Mal begegnen wir dem Begriff der Identität, die durch äußere Zutaten: Gewänder, Schmuck, Ehrenzeichen unberührt bleibt. Die Frage, was die Identität des Menschen denn ausmache, wird nicht mehr verstummen. Was dauert im unaufhörlichen Wechsel von Werden und Vergehen? »In dieselben Flüsse steigen wir und steigen wir nicht«, lautet ein Wort des Heraklit, »wir sind es und wir sind es nicht.« Der

Reflexionsstrom, der bei den frühen Lyrikern entspringt, mündet in Platons »Phaidon«, in das Nachdenken über die Unsterblichkeit der Seele. Das Thema und seine Behandlung sind von hier über den Neuplatonismus in die christliche Theologie gelangt.

Obwohl sie seine Erfinder sind, haben die Griechen für »Individuum« kein eigenes Wort. Übersetzt heißt es *atomon*, aber der Begriff für eine unteilbare letzte Einheit war für das Seiende im Ganzen reserviert. »Individuum« heißt einfach *sōma*, »Leib«. Wenn wir die nackten archaischen und klassischen Statuen betrachten, fällt auf, daß die Gesichter eigentümlich leer wirken, während *wir* doch gerade im Gesicht das für einen bestimmten Menschen Charakteristische sehen. Aber griechische Individualität bedeutet nicht, daß der eine sich vom andern unverwechselbar unterscheidet. Sie bedeutet äußere und innere Freiheit. In politischer Hinsicht meint das die Uneingeschränktheit des einzelnen durch Herrschaftszwänge, was die Demokratie als einzig angemessene Verfassungsform hervortreiben mußte: die durch den für alle in gleicher Weise verbindlichen Nomos zusammengehaltene Gemeinschaft von freien Bürgern. Und in innerer Hinsicht bedeutet sie die weitgehende Unabhängigkeit der Person von den natürlichen, gesellschaftlichen, tradierten Vorgegebenheiten – positiv gesagt: Selbstverantwortlichkeit, die das großartige Beispiel des Sokrates schon der Antike vor Augen führte.

Der reinen Person entspricht die reine Sache. Auch hier die Tendenz zur Atomisierung, zur Herauslösung des einzelnen Phänomens aus dem Wust von Nebensächlichkeiten und Zufälligkeiten. Erst einem solchen abstrahierenden Blick konnte sich die Frage nach dem Wesen einer Sache stellen. Europäische Philosophie und Wissenschaft haben in diesem *rationalen Grundzug* griechischer Eigenart ihre gemeinsame Herkunft. Mit der Neigung zur Abstraktion geht die Fähigkeit Hand in Hand, »eine gestellte Frage ins Prinzipielle zu wenden und damit zu Gesichtspunkten zu kommen, die das bunte Vielerlei von Erfahrungen ordnen und dem menschlichen Denken zugänglich machen können« (W. Heisenberg). So konnten die Griechen die Natur als eine nach bestimmten Gesetzen geregelte Ordnung verstehen, in dieser Ordnung Fuß fassen, sie bis zu einem gewissen Grad beherrschen und gestalten.

Dank der Tendenz zur Verallgemeinerung gerät das Ganze nie aus dem Blick. Die Gegenstände der Forschung sind eingebettet in ein umfassendes theoretisches Interesse. Erkenntnis löst sich von der Bindung an den unmittelbaren Nutzen, wird zum Wert an sich. Für Demokrit ist das Finden einer einzigen Ursache für ein Naturphänomen wertvoller als der Besitz des Perserthrones. Sicher ist diese Art von Rationalität der wichtigste und folgenreichste Beitrag, den die Antike zur Gestaltwerdung Europas geleistet hat. Hier schließt sich der Kreis. Anfangs war von der Präsenz der griechischen und lateinischen Sprache die Rede. Hier sei an den ungeheuren Reichtum von Abstrakta erinnert, die wir der griechischen Lust am Denken einerseits, der Eignung des Griechischen zur Begriffsbildung andererseits verdanken. Wenn wir »das Sein«, »die Natur«, »der Mensch« sagen, sprechen wir im Grunde griechisch. Und: lateinisch. Denn ohne die grandiose Vermittlungsleistung der Römer hätten griechische Polarität, Finalität, Individualität und Rationalität keine Überlebenschance gehabt.

Ich muß hier abbrechen – wissend, daß ich Ihnen und der Antike fast alles schuldig bleibe –, vor allem der römischen. Es ist schwer, wenn nicht unmöglich, die als »römisches Recht« zusammengefaßte Traditionsmasse oder die Folgen des römischen Imperiums für die politische Geschichte Europas oder auch nur das Faktum, daß wir den Römern den Kalender verdanken, in formale Kategorien zu fassen. Der Ordnungsgedanke bietet sich an – er bliebe in solcher Verallgemeinerung aber doch nichtssagend.

Im Jahr 1936, als die Nazis die Olympischen Spiele zur gigantischen Propagandaveranstaltung für ihr die humanistische Überlieferung Europas mit Füßen tretendes Regime pervertierten, legte Thomas Mann in Budapest ein Bekenntnis ab »zu der Überzeugung, daß das Christentum und die mediterrane Antike die beiden Grundpfeiler der abendländischen Gesittung sind und bleiben werden; zu der Überzeugung ferner, daß ein jedes Volk, das auch nur einen dieser Grundpfeiler aufzugeben und zu verleugnen sich entschlösse (denn man verleugnet nicht einen, ohne auch den anderen zu verlieren), sich aus der geistigen und sittlichen Gemeinschaft der europäischen Völker ausschließen würde«.

Der Beitrag des Christentums zur Gestaltwerdung Europas

GERD HAEFFNER SJ

Um Europa geht es, um unser Europa heute und morgen. Was beinhaltet dieses Europa? Wie ist es entstanden? Welche Rolle hatte das Christentum bei seiner ersten Gestaltwerdung, welche Rolle kann es bei seiner zweiten Gestaltwerdung, die vor uns liegt, spielen? Das sind die Fragen, denen wir hier nachgehen wollen.

I. »Europa«

Zu Beginn müssen wir uns darüber klar werden, was wir unter »Europa« verstehen wollen. Die Worte »Europa« und »europäisch« haben im heutigen Sprachgebrauch keinen eindeutigen Sinn. Zu beachten ist, daß sie einmal eine geographische und ein andermal eine kulturelle Einheit bezeichnen. In geographischer Hinsicht bezieht sich das Wort »Europa« auf die westlichen Gegenden des eurasischen Kontinents, die von dessen sogenanntem asiatischen Teil durch eine gedachte Linie getrennt sind, die vom Ural zu den Meerengen des Bosporus verläuft. Der Grund für die Etablierung dieser Linie wiederum ist aber kein geographischer, sondern ein kultureller. Was östlich und westlich dieser gedachten Linie sich befindet, sind verschiedene Typen von Kulturen. Die europäische Kultur hat, ungeachtet ihrer internen Unterschiede, eine gewisse innere Einheit. Nun ist diese Kultur auch außerhalb des geographischen Raums »Europa« realisiert, nämlich in den beiden Amerika, in Australien und Neuseeland; man spricht dann oft von der »westlichen« Kultur. Wenn von Europa die Rede ist, dann ist der Raum einer bestimmten Kultur gemeint, der mit dem von den Geographen »Europa« genannten Erdteil von seiner Geschichte her mehr oder minder zusammenfällt.

Dieses Europa hat sich in der Zeit nach dem letzten Weltkrieg auch Organisationen gegeben, die seine Einheit ausdrücken und fördern: den Europarat und die Europäische Union (EU).

Daß dieses Europa sich von einer sittlichen Idee her versteht, wird in den Bedingungen deutlich, die der Europarat seinen Mitgliedern auferlegt: Achtung der Menschenwürde, Abschaffung der Folter und der Todesstrafe usw. Der Europarat wurde 1949 gegründet. Mitglieder der ersten Stunde waren: Frankreich, Italien, die Beneluxländer, Großbritannien, Irland und die nordischen Staaten Dänemark, Norwegen und Schweden. Deutschland kam begreiflicherweise erst später, aber immerhin schon 1951 dazu, Spanien und Portugal erst 1976 bzw. 1977, nach dem Ende ihrer Diktaturen. Griechenlands Mitgliedschaft wurde während der dortigen Obristenherrschaft suspendiert. Kroatien soll es, nach Meinung einiger, wegen der dortigen Menschenrechtsverletzungen, ebenso ergehen. Serbien ist nicht Mitglied. Heute umfaßt der Europarat fast alle Staaten der geographischen Gegend »Europa«, aber eben nur in dem Maße, als sie ihre Institutionen an der sittlich-kulturellen Idee »Europa« ausrichten.

In der EU ist Europa dabei, auch eine wirtschaftliche und politische Einheit zu werden. Dieser Einigungsprozeß ging wohl nicht zufällig von bestimmten Ländern aus, die historisch gesehen schon einmal der Kern der Gestaltwerdung Europas waren. Es sind die Länder, die sich 1951 zur Montanunion und 1957 in den Römischen Verträgen zur Europäischen Wirtschaftsgemeinschaft (EWG) zusammengeschlossen haben: Frankreich, Italien, die Beneluxländer und Deutschland. Heute, 1998, umfaßt die EU 15 Staaten, und nahezu alle anderen Staaten, die zu Europa im geographischen Sinn gehören, stehen auf der Warteliste.

Sowohl geographisch wie kulturell hat Europa keine eindeutige Umgrenzung. Das östliche Ende Europas steht im Zwielicht: Soll Rußland, soll die Türkei zu Europa gerechnet werden? Die Türkei ist zwar seit langem (1949) Mitglied im Europarat, Rußland seit 1996. Dennoch kann man fragen: Kommen diese Staaten nicht aus ganz anderen Traditionen als der »Europas«, obwohl sie dabei sind, sich dessen Tradition zu öffnen? Ungeachtet aktueller Strategien bleibt doch die Macht der Geschichte eine beträchtliche

Macht. Ja, selbst wenn wir das Europa der EU betrachten, scheint es eine Tatsache zu sein, daß sich deren Mitgliedsländer nicht im selben Maße als europäisch empfinden. Darauf deutet jedenfalls die Tatsache hin, daß noch vor wenigen Jahren das Wort »Europa« im Munde von Briten, von Skandinaviern, von Spaniern und Griechen primär die Länder des inneren Kontinents meinte, die mehr oder minder mit dem Umfang des Reiches Karls des Großen zusammenfallen.

In der Tat verweist die neue Gestaltwerdung Europas, die heute teils als Tatsache, teils als Chance vor uns liegt, zurück auf die erste Gestaltwerdung Europas, die ihr Zentrum im Frankenreich hatte. Dieses seinerseits streckt seine Wurzeln zwar zurück in das Imperium Romanum und in die hellenistische Kultur. Aber es ist doch etwas Neues, erst eigentlich Europäisches. Von Europa unterscheidet sich das Imperium Romanum sowohl geographisch wie kulturell. Geographisch deswegen, weil es einerseits große Gegenden Nordafrikas und des Nahen Orients einschloß, die wir heute zu Afrika und Asien rechnen, andererseits den ganzen Norden und Osten sowie den äußersten Westen Europas ausschloß. Kulturell unterscheidet es sich aus einem doppelten Grund: Erstens fehlte diesem antiken Reich die für Europa charakteristische Vielfalt der Staaten, also die Einheit-in-Vielfalt; zweitens fehlte ihm das, was die Seele Europas ausmachen wird, nämlich eine ganz bestimmte Geistigkeit, die aus der Rezeption des Christentums erwachsen ist.

II. Europa als »Christenheit«

Ausgehend vom Kern der Reiche, die aus dem Erbe Karls des Großen hervorgingen, fand die erste Gestaltwerdung Europas statt. Sie vollzieht sich im Anschluß an das teils christliche, teils römische Erbe des mittelmeerischen Europa. »Im Jahr 500 war rings um das Mittelmeer die christliche Kirche als die einzige öffentliche Religion der römischen Welt etabliert«,[1] vor allem in den Städten. »Vom Jahr 500 an vollzog sich die Verbreitung des Christentums entlang der ehemaligen römischen Grenzen in Westeuropa in einer stets sich erweiternden Zone ›römischer‹ und ›barbarischer‹ Konvergenz.« Schon im Jahre 700 … gehörten Klöster (wie Jarrow und Monkwearmouth) im nordenglischen Grenzland zwischen York und dem Hadrianswall zu den bedeutendsten Stätten lateinischer Gelehrsamkeit.[2] Gewiß nicht isoliert voneinander, aber doch je eigen geprägt, entstanden überall in Europa ›Mikro-Christenheiten‹, man denke nur an die Eigenheiten des irischen, des angelsächsischen, des spanisch-westgotischen, des gallischen Christentums. Aber unter dem Einfluß der neuen fränkischen Supermacht, einer Macht von wahrhaft ›imperialen‹ Dimensionen, die sich in religiöser Hinsicht eng an die Überlieferungen der römischen Kirche anglich, »verschmolzen« diese »regionalen ›Mikro-Christenheiten‹ miteinander und bildeten die einzige ›Christenheit‹, die zukünftig von Bedeutung sein sollte in Europa«.[3] Das uns vertraute Europa gewinnt langsam Gestalt.

Die Religion spielt also eine Rolle allererersten Rangs bei dieser Gestaltwerdung Europas. Das wird deutlich an seinen Grenzen. Die Gestaltwerdung Europas vollzieht sich im Gegenüber zur zunächst noch heidnischen Welt im Norden und Osten, im Gegenüber zu den neuen Reichen des Islam im Osten und Süden und im Gegenüber zu den noch bestehenden Resten des römischen Reichs mit der Hauptstadt Konstantinopel.

Da ist die Grenze zu den heidnischen Völkern des Ostens und Nordens, die sich mit deren Christianisierung und damit auch Zivilisierung kontinuierlich verschiebt. Einige Beispiele: Im Jahr 814 lassen sich 14 böhmische Herren in Regensburg taufen und huldigen dem dort residierenden ostfränkischen König. Im Jahr 966 beginnt mit der Taufe Mieszkos I. in Gnesen die Geschichte Polens. Im Jahr 1000 übersendet der Papst eine Königskrone an den jüngst getauften Arpaden Stephan und bestätigt damit den Eintritt Ungarns in die europäische Geschichte.

Da ist das Gegenüber zum Islam, der sich sogar in Sizilien und Spanien festgesetzt hatte und gegen dessen siegesgewohntes Anstürmen man sich durch fast die ganze Geschichte Europas hindurch wird verteidigen müssen, bis 1683 (vor Wien) die Kraft dieses Ansturms schwächer wird.

Und da ist schließlich die Grenze zum alten, hochkultivierten und reichen Byzanz, das eine andere christliche Sensibilität pflegt als der Westen und das, stolz auf seine römische Tradition, sich einer Kooperation mit den fränkischen Parvenus versagt. Deren Aufstieg war allerdings nur möglich durch die Schwäche des in Konstantinopel zentrierten römischen Reichs. Durch den Ansturm der islamischen Heere hatte dieses um 700 seine östlichen Provinzen und drei Viertel seiner früheren Staatseinnahmen eingebüßt. Zwei Jahrhunderte lang, bis 840, war es fast jährlich von den Moslems angegriffen worden, deren Staat nun 10mal so groß war wie Ostrom, dessen Einkünfte 15mal so hoch.[4] Vom Westen Europas aus wurde »das ›Reich der Griechen‹ … nun als eine kleine, fremdartige Gesellschaft wahrgenommen. Es wurde jetzt von vielen Klerikern im Westen als gescheiterte Christenheit eingeschätzt.«[5] – Man kann sich fragen, was geworden wäre, wenn das Projekt Karls des Großen, eine Verschwägerung mit dem byzantinischen Kaiserhaus und damit gar eine dauerhafte Allianz zustandezubringen, gelungen wäre. Sicherlich wäre daraus ein zwar auch christliches, aber doch in vielem ganz anderes Europa entstanden als »unseres«.

Das Europa, das entstand und das nach dem Ende Ostroms im Jahr 1453 vollends zum Europa schlechthin wurde, war ein romanisch-germanisches Gebiet, dessen Einheit ganz wesentlich unter dem Einfluß des römischen Papsttums wuchs.

Schon die Bildung des pippinisch-karolingischen Reiches hat sich bekanntlich durch eine enge Zusammenarbeit der Frankenkönige mit dem römischen Papst vollzogen. Dasselbe gilt für die Neugründung des Kaisertums (nun »deutscher Nation«) durch Otto I. (936). Auch bei der Bildung der anderen europäischen Königtümer steht häufig das Papsttum Pate, gewiß zunächst in Absprache mit dem Kaiser, dann aber immer mehr auch ohne diesen. Es war also die (relative) Universalität des irgendwie im Papsttum zentrierten Christentums, die der Verschiedenheit der Völker Europas eine Einheit gab. Dies geht so weit, daß zu der Zeit, als Europa voll konstituiert war, nämlich im Mittelalter, der Name für dieses Ganze nur selten »Europa«, meistens aber einfach »die Christenheit« war.[6] Obwohl dieses Ganze voller Spannungen war, sowohl zwischen den Dynastien und Völkern wie innerhalb der Königreiche, ergab sich eine so charakteristische religiös-kulturelle Einheit, daß selbst die Glaubensspaltung des 16. Jahrhunderts und das Erstarken der Nationalstaaten sie nicht innerlich auflösen konnte, wenngleich sie schwächer wurde und schließlich ihre Realität in der Selbstzerfleischung der beiden Weltkriege großenteils verlor.

Wäre Europa seinen alten »heidnischen« Religionen verbunden geblieben, so hätte es ganz sicher eine Gestalt gehabt, die sich wesentlich von der uns bekannten unterschieden hätte, wenn es denn überhaupt zu *einer* Gestalt (statt einer Pluralität von unverbundenen Gestalten) gefunden hätte. Wäre Europa, wie es z. B. mit Persien, Syrien oder Ägypten geschah, islamisch geworden, so wäre ein anderes Europa entstanden. Das Europa, das wir kennen, wurde gebacken mit dem Sauerteig des Christentums.

Betrachten wir nun den Beitrag des Christentums zu dieser ersten Gestaltwerdung Europas etwas genauer, indem wir zwei Bereiche unterscheiden: 1. die Konstitution der politischen Institutionen; 2. die Prägung der Mentalitäten.

1. Der Beitrag des Christentums für die Konstitution der politischen Institutionen europäischen Typs

»Seit Kaiser Konstantin (306–337) sah sich der Bischof zunehmend in staatliche Funktionen einbezogen: Er übernahm die öffentliche Fürsorge, sollte die Bedrückten und Asylsuchenden, die Unfreien und Freigelassenen schützen. Der Bischof übte zudem eine freiwillige, aber öffentlich-rechtlich anerkannte Schiedsgerichtsbarkeit in zivilen Streitfällen aus. Diese galt – im Gegensatz zu den staatlichen Organen – als unbestechliche Instanz. … In den Krisenzeiten der Spätantike, mit dem zunehmenden Verfall der staatlichen Strukturen, übernahmen die Bischöfe in den civitates immer mehr ehedem staatliche Aufgaben. Sie suchten die öffentliche Ordnung zu sichern bzw. sie wiederherzustellen; ihnen fiel die Sorge für die ›caritas‹, für den Unterhalt, die Versorgung der Bevölkerung zu. Sie führten die Verwaltung nach dem Zusammenbruch der staatlichen Organisation weiter und erlangten allmählich die politische Leitungsgewalt mit den entsprechenden Rechten.«[7] Was zunächst nur eine Übergangslösung sein sollte, wurde für lange Zeit ein tragendes Element der Staatwerdung in Europa. Bekannt ist die

Rolle, die den Bischöfen und Reichsäbten für die Konstitution und den Bestand des ottonischen Kaisertums in Deutschland und Italien zukam. Ähnliches gilt für die meisten anderen Länder Europas.

Dabei sind zwei gegenläufige Bewegungen bemerkenswert. Einerseits: Je mehr sich die Verantwortlichen der Bistümer und Klöster für weltliche Herrschafts- und Verwaltungsaufgaben einspannen ließen, desto mehr wurden umgekehrt die kirchlichen Leitungsaufgaben zu einer Domäne des Adels und seiner Personalpolitik. Damit kam es mehr und mehr zu einer Verweltlichung des höheren Klerus. »Die Besetzung der Bischofsstühle blieb, mit wenigen Ausnahmen, adeliges Vorrecht durch das ganze Mittelalter hindurch – mit entsprechenden Folgen.«[8] Die Macht des Adels hat die im Evangelium angelegten herrschaftskritischen Tendenzen unterdrückt. Der immer wieder gemachte Versuch, wenigstens in den Klöstern und Bruderschaften das Ideal der Gleichheit zu verwirklichen, konnte unter diesen Bedingungen politisch, auch kirchenpolitisch, nur wenig wirksam werden.

Die andere Bewegung besteht darin, daß sich zwar nicht die Macht, wohl aber die Sakralität des Adels und speziell des Königtums auflöst. Zunächst war die aus dem Heidentum kommende Vorstellung vom »Königsheil« und vom »edlen Blut« dadurch christlich »getauft« worden, daß dem Kaiser bzw. König ein Anteil am Priestertum zugestanden wurde; der Kaiser trug eine Mitra unter seiner Krone und eine Stola um seine Schultern; er wurde tituliert als »vicarius Christi«. Er hatte diese Stellung freilich nicht mehr kraft seines »heiligen Geblüts«, sondern »Dei gratia«, was in der Salbung durch den Papst bzw. durch einen Bischof, die die Salbung der Könige Israels nachahmte, zum Ausdruck kam. Aber schon die um das Jahr 1000 erstarkende kirchliche Reformbewegung sieht das ganz anders. Für sie ist auch der König nur ein Laie, dem die Kleriker als solche, beginnend mit dem Papst, nicht untertan sind. Im Vertrag von Sutri (1111) zwischen Papst Paschalis II. und Kaiser Heinrich V. wird dann »eine schon modern anmutende Trennung von Staat und Kirche«[9] ins Auge gefaßt, die freilich am Widerstand der Bischöfe und des Adels (also zweimal des Adels) scheiterte. Calixtus II. berief 1123 das Erste Laterankonzil ein (das erste seit dem von 869 in Konstantinopel). Damit »beendete er die römisch-byzantinische Tradition, die dem Kaiser das Recht auf Konzilseinberufung zugestand, ein Recht, das auch die fränkischen Könige von den Merowingern an beansprucht hatten«.[10] Die für Europa so typische Trennung zwischen Spiritualia und Temporalia, zwischen dem Geistlichen und dem Zeitlichen, ist da.

Dem in weltliche Aufgaben tief verstrickten Episkopat gegenüber gewinnt die Kirche einen neuen Arm in den benediktinischen Reform-Klöstern, die nur dem Papst untertan sind (Cluny seit 932) und untereinander reichsübergreifende Hierarchien bilden (Ende des 11. Jahrhunderts zählte der Cluny-Verband 1400 Klöster mit 10 000 Mönchen). Und als diese dann auch vom Adelssystem eingeholt werden, tritt die mächtige Bewegung der Bettelorden auf, die nicht nur eine Reaktion gegen die Plutokratie der autonomen Städte, sondern mit ihren demokratischen Strukturen und ihrer flinken Intelligenz auch die kongenialen Seelsorger des aufstrebenden Bürgertums sind.

Trotz auch auftretender Rückschritte ist die Geschichte der staatlichen Macht in Europa durch eine Serie von Säkularisierungen dieser Macht gekennzeichnet. Auch wenn später die Kräfte, die für eine Trennung zwischen Staat und Kirche arbeiten, oft zugleich gegen die Kirche selbst wirkten, so waren die ersten Phasen dieses Prozesses doch von der Kirche her bestimmt, d. h. von ihrem Selbstverständnis als einer Größe »nicht von dieser Welt«. Daß bei diesem Prozeß nicht nur die Kirche im allgemeinen, sondern das Papsttum (im Verein mit den Orden) eine unersetzliche Funktion hatte, ist nicht zu übersehen. Die Entsakralisierung der weltlichen Macht bedeutete jedoch nicht, daß diese aus der Glaubenswelt heraustrat. Sie bestand immer noch und lange Zeit *Dei gratia*. Und sie stand unter der Verpflichtung, dem Frieden und der Gerechtigkeit zu dienen. Unter dieser Verpflichtung steht sie, nach der völligen Säkularisierung des Staates, auch heute noch.

2. Die Prägung der Mentalitäten

Wenn ich hier von Mentalitäten spreche, dann meine ich Einstellungen und Gewohnheiten, die ihren Ursprung in der christlichen

Kultur haben, aber auch in größerem Umfang abgelöst von deren Kerngehalt bleiben können. Wenn Paulus z. B. sagt: »Es gibt nicht mehr die Überordnung des Juden über den Heiden, des Freien über den Sklaven, des Mannes über die Frau«, dann begründet er das mit der Überzeugung »Ihr alle seid ›einer‹ in Christus Jesus« (Gal 3,28). Aber diese Begründung kann in den Hintergrund treten, ohne daß die durch sie ausgelöste Bewegung gleich aufhören müßte.

a) Mann und Frau

Gewiß hat das Christentum eine volle Gleichstellung von Mann und Frau im Laufe seiner Geschichte bis heute nicht geschafft. Aber es hat doch wesentliche Schritte dorthin getan.

– Abgesehen vielleicht von kleinen Schwankungen, war es im Christentum immer selbstverständlich, daß Männer und Frauen die gleiche Chance für das ewige Heil haben, im Unterschied z. B. zum klassischen Buddhismus, wo eine Frau nur auf dem Wege der Wiedergeburt als Mann in das Nirwana eingehen konnte.

– Das für das Christentum typische Verbot der Aussetzung Neugeborener kam besonders den Mädchen zugute, die – wie noch heute in Ostasien – am ehesten die Opfer dieser brutalen Praktiken wurden.

– Das Ideal der Ehelosigkeit aus religiösen Gründen hat vielen Frauen die Möglichkeit gegeben, im Kloster zu einer persönlichen Erfüllung, zu einer Bildung und einer gesellschaftlichen Stellung zu kommen, die ihnen in der überlieferten Männergesellschaft sonst verschlossen geblieben wären; man denke an gelehrte Nonnen wie Katharina von Siena oder Hildegard von Bingen, die Päpste und Könige berieten.

– Auch die christliche Eheauffassung kam der Frau zugute: »Während nach weltlichem Recht nur [die Frau], nicht aber der Mann, die Ehe brechen konnte, drang die Kirche auf beidseitige Treue« und auf die Einehe.[11]

b) Herr und Sklave

Die Einteilung der Gesellschaft in Freie und Unfreie war im alten Rom ebenso selbstverständlich wie in den germanischen Gesellschaften. Das Christentum hat diese Ungleichheit zwar nicht beseitigen, aber doch mildern und sektoriell konterkarieren können.
– Ein wichtiger Schritt dazu bestand in der Aufwertung der Arbeit gegenüber deren antik-heidnischer Verachtung. Dem hl. Benedikt geht es in seiner Regel um ein Gleichgewicht von Handarbeit und Gebet: *ora et labora*. Bald setzt sich freilich selbst im Kloster, wo doch alle Brüder sind, wieder ein Rangunterschied durch: der zwischen den Priestern und Laien, zwischen den Chorfrauen und den Laienschwestern, wogegen wiederum verschiedene Reformbewegungen zu reagieren versuchen.
– Die Gleichheit aller Menschen in Adam, aller Getauften in Christus wurde in den Lesungen aus der Hl. Schrift immer wieder in Erinnerung gerufen, wenngleich nicht selten von den adeligen Kirchenfürsten wieder verdeckt, gegen die sich dann immer wieder der Spruch richtete: »Als Adam grub und Eva spann, wo war denn da der Edelmann?«
– Unvergessen blieb auch das Bild der Brüderlichkeit, das im Gleichnis vom Samariter zum Ausdruck kam. Mag manche Stiftung von Spitälern, von Altenheimen, von Findelhäusern, von Armenspeisungen usw. auch aus einer Haltung entsprungen sein, die man als Heilsegoismus bezeichnen kann, so darf man doch nicht unterschätzen, daß die (wie auch immer motivierten) caritativen Unternehmungen der Reichen den Armen zugute kamen und daß das Christentum eben solche Taten als Heils-Wege in den Vordergrund rückte. So konnte gesagt werden: »Wieviel von dem, was [heute bei uns] durch Sozialgesetze garantiert und geregelt ist, auf frühchristliche Anfänge zurückgeht, dürfte den wenigsten bekannt sein. Krankenbetreuung, Rechtsschutz für Waisen und Witwen, Armenfürsorge bis hin zur Berufsausbildung elternloser Jugendlicher, ist in den frühchristlichen Gemeinden entstanden, entwickelt und teilweise schon institutionalisiert worden.« »Wer versorgte [in der spätantiken Gesellschaft] einen Kranken, wenn er nicht von seiner Familie betreut werden konnte? Die Antwort ist:

34

niemand. Krankenhäuser oder Hospize hat es in der Antike nicht gegeben.«[12]

c) Jude und Heide

Die universalistische Perspektive, die mehr ist als eine abstrakt-kosmopolitische, ist dem Christentum eigen. Schon bei Paulus entsprechen Adam, d. h. der Mensch als solcher, und Christus einander. Die christliche Religion ist weder an Blut noch Boden geknüpft. Das christliche Denken ist deswegen auch gezwungen, über die Grenzen der eigenen Gemeinschaft hinauszudenken, sei es missionarisch, apologetisch oder dialogisch. Andere Religionen haben diese Bedürfnisse nicht so, vor allem nicht das letztgenannte. In dieser inneren Universalität liegt wohl ein Grund dafür, daß die Kultur des universalen Geistes in der Philosophie eine feste Heimstatt in der Kirche hatte und hat, trotz gelegentlicher Spannungen. In keiner anderen Religion ist das so ausgeprägt.

In einem gewissen Maße führt das Christentum damit universalistische Ansätze der Propheten fort. Freilich haben sich schon die Juden schwer damit getan, sich die Einheit der Menschheit anders vorzustellen als eine Versammlung von Pilgern nach Jerusalem. Daß Auserwählung Dienst heißt, war schwer zu assimilieren. In ähnlicher Weise wird die Kirche wohl lernen müssen, daß ihre universale Sendung nicht nur darin eine Erfüllung finden kann, daß möglichst viele Menschen zu Mitgliedern der Kirche werden, sondern auch und wohl noch mehr darin, daß der Sauerteig des Evangeliums möglichst viele Menschen, welcher Verortung und Religion auch immer, erreiche.

Diesen drei Idealen, die das Pauluszitat ausdrückte, möchte ich noch zwei weitere abendländische Werte anschließen, die vermutlich auf christlichen Inspirationen beruhen: unsere Kultur der Individualität und unsere Kultur der Zeit.

d) Das Individuum

Das Christentum lehrt, daß der individuelle Kern (die »Seele«) jedes Menschen unmittelbar von Gott geschaffen ist, daß Gott sich um jeden Einzelnen kümmert, daß jeder in einer unvertretbaren Weise seiner eigenen Entscheidung überlassen ist. Aus dem Bedenken dieser Lehre haben sich langsam tragende Überzeugungen herausgebildet.

– Die für das ganze Abendland so zentralen Ideen der Willensfreiheit, der Würde und damit der Rechte des Einzelnen haben hier ihre wichtigsten Wurzeln, gegen alle Dominanz kosmischer oder dämonischer Mächte einerseits und gegen totalitäre Gesellschaftsauffassungen andererseits.

– Daß im Zentrum der christlichen Religion Jesus steht, ein Individuum also, das in seiner Individualität Gott selbst repräsentiert und »ist«, hat sicher tiefe Wirkungen auf die Entdeckung von so etwas wie Humanität und Persönlichkeit gehabt. Vergleichbares findet sich in keiner anderen Religion. Mohammed jedenfalls hat im Islam bei weitem nicht die Stellung, die Jesus im Christentum hat, und Buddha im Buddhismus erst recht nicht.

– Der sich im Lauf der Jahrhunderte immer mehr personalisierende Umgang mit Schuld in der kirchlichen Bußpraxis bereitet den Weg für das Gewissen als einer individuellen Letztinstanz der Selbstbeurteilung und damit die Idee der moralischen Autonomie und Verantwortlichkeit vor. Die Buß-Bewegung, die Columban (540–615) im heimischen Irland und im Frankenreich ins Leben rief, legte »Grundlagen für die psychische Verfaßtheit der Abendländer bis in die Gegenwart«.[13]

– Die Hochschätzung des Kreativen, die der europäischen Kultur eigen ist, ist sie nicht ein Ausläufer der Deutung des Menschen als des »Bildes« des Schöpfers selbst? Bei Pico della Mirandola, der am Eingang der Renaissance steht, wird es jedenfalls so gesehen.

e) Zeit und Geschichte

Über die Kirche kam die jüdische Wocheneinteilung auf uns, mit ihrem Wechsel von sechs profanen Tagen und einem heiligen Tag, der sowohl dem Gottesdienst wie der eigenen Erholung und der Entlastung der abhängigen Arbeiter und der Natur dienen soll. Eine weitere Entwicklung unserer Kultur der Zeiteinteilung verdanken wir den Klöstern: »Das benediktinische Klosterwesen ge-

wöhnt die Europäer in den folgenden Jahrhunderten an Zeitprak-
tiken, die noch die Grundlage für unsere gegenwärtige Einteilung
der Zeit bilden. Zunächst ist das die große Trennung zwischen
einer Zeit des Gebets und einer Zeit der Arbeit, die eine Trennung
einführt zwischen dem, was als Arbeitszeit bestehen bleibt und
sich festigt, und dem, was sich in Richtung einer Zeit der Ruhe, der
Freizeit und der Feier hin entwickelt. Darüber hinaus sind das die
ersten akustischen Zeichen der Zeiteinteilung, die allen auferlegt
werden: das Läuten der Glocken, der Vorläufer der Zeitansage.
Schließlich ist das der Zeitplan der Mönche nach den regelmäßigen Unterteilungen der kanonischen Stunden des Tages und der
Nacht, eine individuelle und kollektive Ordnung der Zeit, die von
dem Zeitplan der Bürger und Händler ab dem 14. und 15. Jahrhundert abgelöst wird, der den Europäern den Gewinn einer
rationellen Zeitverwaltung bringt; ein wirtschaftlicher und moralischer Trumpf, von dem Europa profitiert.«[14]
Aber nicht nur die uns vertraute Zeiteinteilung hat religiöse Ursprünge. Auch, und noch viel mehr, gilt dies für eine Denkform,
die als typisch abendländisch gilt, nämlich die *Geschichte*. Die antiken Denker dachten den Kosmos als ein bewegtes Ganzes, dessen Bewegungen nach kürzerer oder längerer Zeit wieder in sich
zurückliefen, so daß alle Vergangenheit getilgt war. Geschichte
kam nur den Menschen zu. Das menschliche Leben aber war eine
höchst vergängliche Episode im Immergleichen des Kosmos. Ach-
tete man darauf, daß im Menschen etwas sei, was dieser Vergäng-
lichkeit letztlich enthoben ist, nämlich die Geistseele, so war deren
Verbindung mit diesem leiblichen Individuum nur kontingent,
was sich darin ausdrückte, daß die Seele nur dadurch den Tod des
Körpers überleben konnte, weil sie schon vor ihrer körperlichen
Daseinsweise existierte. Dagegen setzte die Kirche ihre Lehre, daß
auch der Kosmos eine Geschichte, d. h. einen Anfang und ein Ende
hat, die seine Kreisläufe umfassen, und daß die unsterbliche
menschliche Seele in der Zeit, zusammen mit ihrem Körper, geschaffen ist. Auf der Basis dieser Lehren ist dann wohl auch die
Überzeugung entstanden, daß die Geschichte nicht nur die Wie-
derholung eines einmal, am Anfang, normativ Gesetzten ist, sondern daß zu ihr wesentlich das Element der Neuheit gehört, mit

anderen Worten die Orientierung auf die Zukunft. Die Zukunftsorientierung aber fordert die menschliche Kreativität heraus. Zukunftsorientierung fordert aber auch ein immer erneutes Erinnern und Einschmelzen des Ererbten im Hinblick auf eine einheitliche Gegenwart (im Unterschied zu Japan z. B., wo die Stränge des Vergangenen untereinander und mit der Gegenwart recht unverbunden nebeneinander her laufen).

3. Verschiedene Bedeutungen von »Christentum«

Der Versuch, einige Beiträge des Christentums für die erste Gestaltwerdung Europas zu benennen, hat aber nun vielleicht auch die Frage aufkommen lassen, in welchem Sinne da jeweils vom »Christentum« und von einem »Beitrag« die Rede war. Wir sehen uns, denke ich, gezwungen, jeweils verschiedene Bedeutungen dieser Wörter zu unterscheiden.

a) »Christentum«

Das Wort »Christentum« ist ein Abstraktum; es verführt dazu, sich ein Gefüge von Lehren und Einstellungen vorzustellen, das an verschiedenen Orten und zu verschiedenen Zeiten gleichermaßen vorgefunden werden kann. Aber in der Realität ist das Christentum eine vielschichtige Sache. Zumindest zwei Schichten, nämlich das Äußere und das Innere, müssen unterschieden werden. Das Innere ist der Geist des Glaubens, der Hoffnung und der Liebe, der Geist der Ehrfurcht vor Gott, der Jüngerschaft Jesu, der Brüderlichkeit. Das Äußere ist ein Gefüge von Lehren, Symbolen, Gebräuchen und Institutionen, die als typisch christlich gelten. Das Äußere soll dem Inneren konkrete Form geben und ihm so dienen. Vom Äußeren allein aber kann man nicht auf das Innere schließen. Denn es gibt eine Reihe von typisch christlichen Gebräuchen und Institutionen, die auch da fortleben können, wo der christliche Geist längst entschwunden ist. So kann man von erfahrenen Seelsorgern aus traditionell katholischen Gegenden die Klage hören, es gebe kaum bessere Abwehrmechanismen gegen die Botschaft des Christentums als ein eingespieltes religiöses Brauchtum, das zum bloßen Brauchtum geworden ist. Ja, selbst gegenchristliche Meinungen und Einstellungen können unter dem Mantel des Christlichen Zuflucht finden bzw. dem Christentum zugerechnet werden. So z. B. der Hexenwahn, gegen den die Autoritäten der Kirche lange kämpften, bis sie ihm selbst erlagen; oder der Justizmord an Häretikern, gegen den der hl. Martin vor dem römischen Kaiser in Trier, gegen den der Papst gegenüber König Ferdinand von Aragon noch protestierten, der aber dann doch, unter der Mitwirkung kirchlicher Großer, viele Opfer forderte. Das Spitzelsystem unter Pius X., dem zahlreiche gut gesinnte Theologen zum Opfer fielen, gehört sicher zur Geschichte der Kirche und damit des Christentums, obwohl es sich wohl kaum auf Jesus Christus berufen konnte.

Andererseits ist, gegenläufig dazu, zu betonen, daß die zweideutige politisch-soziale Realität der Christenheit doch auch das Vehikel, Fahrzeug, für die Botschaft Christi gewesen ist. Mag das Christentum von den Herrschern oft auch aus einem politischen Kalkül oder aus der Hoffnung himmlischen Segens für die eigenen Expansionspläne angenommen worden sein, so setzte man sich doch seinen Forderungen aus. Mag es auch oft mit Gewalt den Untertanen aufgezwungen worden sein, so hatten diese doch Gelegenheit, die ganz andere Lehre Christi selbst kennen- und liebenzulernen. So kam mit den äußeren Formen doch auch die Chance, vom Geist des Christentums ergriffen zu werden.

Freilich ist auch dieser Geist des Christentums keine zeitlose Idee, sondern eine geschichtliche, weil immer neu zu entdeckende und neu zu konkretisierende Wirklichkeit. Das heißt, daß er im Lauf der Geschichte seine Gestalt wandelte: Frömmigkeitsformen, Heiligkeitsvorstellungen, Organisationsformen vergehen und entstehen oder treten in einen Wechsel von Vorder- und Hintergrund. Gewiß gibt es auch eine geschichtsdurchgreifende Identität des Glaubens, aus je neuer Aktualisierung des je neu zu entdeckenden Ursprungs. Aber gerade an den großen Heiligen, die für diese Identität stehen, wird auch die entschieden neue geschichtliche Prägung deutlich, die alles andere ist als ein bloßes Fortführen. Die äußeren Formen sind meistens träger und zäher. So steht das Dasein des Glaubens immer in einer Spannung zwischen dem je aktuellen Geist (denn Gott ist kein Gott der Toten!) und den früher etablierten Formen der Kirche; diese Spannung hat etwas Fruchtbares, setzt den Glauben manchmal aber auch einer Zerreißprobe aus.

b) »Beitrag«

Wenn vom »*Beitrag*« des Christentums für das Werden Europas die Rede war, so muß erstens beachtet werden, daß sich das Eigentliche, der Kern und Geist des Christentums, der Institutionalisierung und der Verschmelzung mit einer Kultur entzieht, weil er jeweils nur in persönlicher, nicht vererbbarer Glaubensentscheidung seine Realität hat. Damit ist allerdings ganz und gar nicht ausgeschlossen, daß solche konsequent gelebten Glaubensentscheidungen für das interpersonale und gesellschaftliche Leben einer Zeit und eines Daseinsraums durchaus Wirkungen hatten und haben. Zweitens ist zu bedenken, daß auch dann, wenn ein großer Einfluß des Christentums stattfindet, keine konkrete Gestalt von Gesellschaft und Kultur einfachhin als christlich gelten kann. Denn das Mehl, dem der Sauerteig des Evangeliums beigemischt wurde, hat seine eigene Herkunft und damit auch seine eigene Widerspenstigkeit gegen die Durchsäuerung. Die germanischen, keltischen und slawischen Herrscher und Völker, die das Christentum annahmen, brachten ihre eigene Vorgeschichte, ihre eigenen Mentalitäten, Sitten und Unsitten mit. Und das Christentum, das sie empfingen, war seinerseits noch durchzogen von bestimmten jüdischen Partikularitäten und schon eingefärbt von Eigenarten der hellenistischen und römischen Kultur. Nach dem alten scholastischen Spruch aber gilt: Was immer empfangen wird, wird auf die Weise des Empfangenden empfangen: *quidquid recipitur, ad modum recipientis recipitur*. Die so »bei uns« entstandene europäische Gestalt des Christentums war also eine partikuläre Gestalt. Neben ihr gab es die griechische Form, gab es die alten Kirchen der Kopten, der Syrer, Armenier usw. bis hin nach Südindien und selbst China. Für die Zeit um 550 kann noch gesagt werden: »Überall entlang der Seidenstraße, über die von Antiochien bis China ein ständiges Rinnsal von Informationen, Waren und Personen die

Enden der Welt miteinander verband, gab es kleine Christenge-meinden.«[15] Der Sturm des Islam hat diese Welt zerstört oder doch sehr dezimiert. Leider gerieten aber auch die Reste dieser Kirchen, die sich noch lange und z. T. bis in unsere Zeit halten konnten, immer mehr aus dem Blick und vor allem aus der Hochschätzung der Europäer, die sich mehr und mehr als die Träger der einzig wahren Form des Christentums fühlten. Im Hinblick auf die Zu-kunft müssen wir von dieser Identifikation des Christentums mit der im alten Europa ausgebildeten Form Abstand nehmen: sowohl im Hinblick auf die anderen, nicht europäischen Kirchen, seien sie nun schon alt oder jung, – als auch im Hinblick auf die Art und Weise des Glaubens, die dem neuen Europa von heute und mor-gen entspricht.

III. Heute und morgen

Wir sind heute die Zeugen und Mitwirkenden einer zweiten Ge-staltwerdung Europas. Die erste vollzog sich als Mit- und Gegen-einander verschiedener, sich erst konstituierender und langsam konsolidierender Königreiche unter dem gemeinsamen Dach der Kirche. Die zweite vollzieht sich als eine enge Vernetzung der wirtschaftlichen, rechtlichen und politischen Systeme der europäi-schen Länder, die alle eine lange Geschichte hinter sich haben und hochkomplizierte Gebilde mit vielfach ausdifferenzierten Sub-systemen sind. Die Motive dieser Vernetzung sind bekannt. Es geht um die Verhinderung neuer europäischer Kriege; es geht darum, einen großen Binnenmarkt und größere Anteile am Welt-markt zu gewinnen; es geht darum, nach dem Ende der englischen und französischen Großmachtposition den Europäern ein größeres politisches Gewicht in der Welt zurückzugewinnen.
Es ist offensichtlich, daß für die neue Gestaltwerdung Europas die Institutionen der Kirche nicht mehr als Schutzdach oder Vorbild gebraucht werden. Denn erstens ist die Welt des Staates, des Rechts und der Bildung seit langem autonom geworden, und zwar sowohl de facto wie de jure. Zweitens kann eine in sich gespaltene Kirche nicht das Vorbild für eine Einigung Europas sein. Drittens

wohnen in diesem Europa Millionen von Menschen, die der Kirche keine Autorität zuerkennen; man denke nur an die vielen Moslems oder an die zahlreichen Bewohner Europas, denen das Christentum als eine ausgewaschene, veraltete und vormoderne Form des Lebens gilt, und zwar sowohl des sozialen Lebens wie auch des persönlichen Innenlebens. Viertens wird von der demokratisch empfindenden Generation der Europäer heute (und wohl noch mehr morgen) der Regierungsstil, der sich jedenfalls in der römisch-katholischen (wie auch in der orthodoxen) Kirche zäh hält, nicht als Vorbild anerkannt: die zum Teil noch absolutistisch strukturierte Beamtenhierarchie, die undurchsichtigen Verfahrensweisen für die Entscheidungsfindung, das Denken in Kategorien des Rangs und der Territorien. Fünftens wächst der Abstand zwischen der Lebenswelt sehr vieler Menschen und einer kirchlichen Morallehre, die ihre Prinzipien zwar mit Recht hochhält, aber nicht recht bereit ist, sich auf die Realität der zwischenmenschlichen Beziehungen, so wie sie nun heute einmal sind, einzulassen.

Dennoch: Zu den Fundamenten des Europa, das wir geerbt haben, gehört immer noch das Christentum, unsere Art von Christentum, auch noch durch die (ja nur teilweise antikirchliche oder gar antireligiöse) Transformation durch die Aufklärung des 18. und 19. Jahrhunderts hindurch, so daß, im Hinblick auf die heutigen Verhältnisse, von einer »christlich kodierten Tiefenstruktur unserer Mehrheitskultur« gesprochen werden kann.[16] Aber was bedeutet das für die Zukunft?

Trotz (aber auch teilweise wegen) seiner christlichen Wurzeln wird das vereinte Europa von morgen, hinsichtlich seiner Strukturen, ein säkulares Gebilde sein. Das bedeutet aber nicht, daß es nur unter den Imperativen der Ökonomie und der Machtpolitik stehen muß. Vielmehr ist die Bindung an die sittlichen Ideen der Gerechtigkeit, der Solidarität, der Menschenrechte usw. ein unverzichtbarer Teil der europäischen Identität, ohne deren Vertiefung und Fortentwicklung das neue Europa nicht nur an humaner Qualität, sondern auch an Überzeugungskraft nach innen und außen verlöre. Ein solches Europa hätte keinen Glauben mehr und deswegen auch keine Lebenskraft. Denn aus dem Kampf um ökonomische und politische Vorteile allein kann keine Selbstachtung erwachsen.

Glücklicherweise sprechen die verschiedenen Kirchen in den Ländern Europas heute in sozialen und anderen humanitären Fragen schon weitgehend mit *einer* Stimme. Es wird wichtig sein, daß sie sich auch auf der Ebene der europäischen Institutionen vernehmbar machen. Denn unter den Stimmen, die nicht bestimmten Interessen, sondern sittlichen Werten Ausdruck verleihen, gehört die Stimme der christlichen *Kirchen* heute wohl zu den wichtigsten.

Abgesehen davon, sind die christlichen Familien und *Gemeinden* jene Orte, wo bestimmte Werte nicht nur in Erinnerung gerufen werden, sondern auch gelebt werden, in einem quantitativen und qualitativen Ausmaß, an das wohl keine andere Organisation heranreicht. Es sind Werte, die gerade der demokratische Staat und ein europäischer Staatenbund dringend braucht: Gemeinsinn, Ehrlichkeit, Engagement, Bescheidenheit, Hoffnung und Mut. Es sind Werthaltungen, von denen der moderne Staat lebt, die aber von dessen eigenen Institutionen und gesetzlichen Regelungen nur in geringem Maß »produziert« werden können. Viele Vertreter des Staates und der Gesellschaft haben gelernt, diese Leistung der Kirchen zu schätzen.

Es ist zu hoffen, daß das nicht nur so bleibt, sondern daß diese Einsicht vielleicht noch mehr Eingang in die Staatstheorien findet, die bisher die Funktion der Religion für die Gesellschaft und damit auch für den Staat zu wenig reflektiert haben. Damit soll in keiner Weise die Unabhängigkeit des Staates von religiösen Instanzen rückgängig gemacht werden. Auch die (westlichen) Kirchen anerkennen heute ja die Autonomie des modernen Staats- und Gesellschaftswesens. Aber die Erfahrung zwingt meines Erachtens zu der Einsicht, daß ein Staat oder eine entsprechende Europäische Union, die das Faktum der Religion *ausklammern,* der gesellschaftlich tief verwurzelten Realität des Religiösen nicht gerecht werden. Bei uns in Deutschland hat der heiße Streit um das sogenannte Kruzifix-Urteil des Bundesverfassungsgerichts deutlich gemacht, wie schwer unter Umständen die religiöse Neutralität des Staates davor zu bewahren ist, zu einem Instrument der Schwächung der öffentlichen Präsenz des Religiösen zu werden. Die Auseinandersetzung in Frankreich um die Frage, ob muslimische Mädchen in staatlichen Schulen ihre Kopftücher tragen dürfen, hat klarer ins Bewußtsein gehoben, daß die staatlich garantierte Religionsfreiheit sich, historisch gesehen, zunächst auf verschiedene Varianten des Christentums bzw. damit verwandter philosophischer Einstellungen bezog, die keinen Monopolanspruch auf die politische Macht erhoben. Wie aber will man auf dieser Basis mit der Präsenz von Millionen Moslems in Europa zurechtkommen, in deren Religion es nicht vorgesehen ist, daß man ohne Not unter einer nichtmuslimischen Regierung lebt,[17] und die sich deswegen zunächst sehr schwer damit tun, zu dieser eine kooperative Beziehung zu finden? Und wie soll Europa die Probleme angehen, die sich stellen, wenn eines Tages das orthodoxe Rußland mit seinen ganz anderen religiösen und so auch politischen Traditionen in das europäische Haus einzieht?

Diese Probleme stellen sich nicht nur den politischen, sondern auch den kirchlichen Verantwortungsträgern. Die überaus schwierigen Gespräche zwischen den Kirchen des Westens mit der Orthodoxie haben, so gesehen, nicht nur eine innerkirchlich-»ökumenische«, sondern auch eine europapolitische Bedeutung. Ähnliches gilt für die noch dornigeren Versuche, mit den Repräsentanten des Islam ins Gespräch zu kommen. Die Initiative für diese Verständnisversuche wird wohl vor allem bei den westlichen Christen liegen müssen. Man muß dabei nicht nur an Gespräche von Theologen oder Bischöfen denken. Bemühungen an der »Basis« wie die Begegnungen von Gemeinden, das Treffen von Jugendlichen, die praktische Versöhnungsarbeit, wie sie z. B. heute christliche Hilfsdienste in Bosnien leisten, können einen wertvollen Beitrag zu jener menschlich-religiösen Integration Europas einbringen, ohne den die politisch-ökonomische in der Luft hinge.[18]

Für die Gläubigen und ihre »Hirten« ist es in dieser Situation wichtig, sich nicht in romantischer Weise an früheren Formen der »Evangelisierung der Kultur und des politischen Lebens« zu inspirieren. Der Abschied der Kirche von diesen Formen seit der Französischen Revolution hat lange genug gedauert und zahllose Chancen und menschliche Ressourcen gekostet. Für den Glaubenden ist Gott immer *vorn*. So ist auch das Evangelium immer *neu*. Weil es in sich jung, nie einfach zu bewahrender Besitz ist, ist es nur dadurch »da«, daß sein Gehalt in einer neuen Situation neu entdeckt wird.

Anmerkungen

1 *Peter Brown*: Die Entstehung des christlichen Europa, München 1996, 117.
2 A.a.O., 29.
3 A.a.O., 270.
4 A.a.O., 274.
5 A.a.O., 270.
6 *Jacques Le Goff*: Das alte Europa und die Welt der Moderne, München 1994, 19.
7 *Lothar Kolmer*, in: Becker/Christ/Gestrich/Kolmer: Die Kirchen in der deutschen Geschichte. Von der Christianisierung der Germanen bis zur Gegenwart, Stuttgart 1996, 1 f.
8 A.a.O., 2.
9 A.a.O., 99.
10 A.a.O., 101.
11 A.a.O., 54.
12 *Ernst Dassmann*: in: Müller, G. L. (Hrsg.): Auf dem Weg zum Heiligen Jahr 2000. Bd. II: Aufbruch ins Dritte Jahrtausend, Köln 1997, 167.169.
13 *Kolmer* (s. Anm. 7), 52 f.; vgl. Brown (s. Anm. 1), 184.
14 *Le Goff* (s. Anm. 15), 15.
15 *Brown* (s. Anm. 1), 16.
16 *Otto Kallscheuer* (Hrsg.): Das Europa der Religionen. Ein Kontinent zwischen Säkularisierung und Fundamentalismus, Frankfurt a. M. 1996, 38.
17 *Bernard Lewis*: Die islamische Sicht auf und die moslemische Erfahrung mit Europa, in: Kallscheuer, 67–96, bes. 88–95.
18 So »gibt es Grund genug, das Wort von Jean Monnet, dem Vater von Schuman-Plan und Montan-Union, kurz vor seinem Tode wirklich ernst zu nehmen: ›Wenn ich das Ganze noch einmal zu machen hätte, würde ich mit der Kultur anfangen‹« (Ernst-Wolfgang Böckenförde: Welchen Weg geht Europa? Schriften der Siemensstiftung, München 1997, 49).

Die Emanzipation des Individuums im Zeichen der Aufklärung

Ideengeschichtliche Grundlagen und Entwicklungen

HORST MÖLLER

1. »Was ist Aufklärung?«

Diese Frage stellte der Berliner Theologe Johann Friedrich Zöllner 1783 in der »Berlinischen Monatsschrift«. Die berühmteste Antwort stammt von Immanuel Kant, der mit seiner 1781 veröffentlichten »Kritik der reinen Vernunft« die kopernikanische Wende der Erkenntnistheorie herbeiführte. Kants vielzitiertes Diktum lautete: »*Aufklärung ist der Ausgang des Menschen aus seiner selbstverschuldeten Unmündigkeit. Unmündigkeit ist das Unvermögen, sich seines Verstandes ohne Leitung eines Anderen zu bedienen. Selbstverschuldet ist diese Unmündigkeit, wenn die Ursache derselben nicht am Mangel des Verstandes, sondern der Entschließung und des Mutes liegt, sich seiner ohne Leitung eines Anderen zu bedienen. Sapere Aude! – Habe Mut, Dich Deines eigenen Verstandes zu bedienen.*« Der Aufruf zum »Selbstdenken«, wie die Aufklärer diese Maxime auch formuliert haben, erstreckte sich auf Religion und Kirche, Staat und Gesellschaft, Philosophie und Wissenschaft, Geschichte und Gegenwart. Die Mündigkeit des Menschen war das Ziel. Da auch im 18. Jahrhundert die Menschen noch traditionsgeleitet waren, enthielt diese Maxime die Aufforderung zu einer umfassenden Traditionskritik. Nach Auffassung der Aufklärer unterlag der traditionsgeleitete Mensch normativen Zwängen, die seine individuelle und kollektive Freiheit einschränkten oder gar aufhoben. Das Ziel des Selbstdenkens bestand also in der Emanzipation von der historischen Herkunft und damit der Hinwendung zu einer selbstbestimmten Zukunft. Das »alte Recht«, das Rechtsherkommen, das auch den frühneuzeitlichen Menschen noch wesentlich bestimmte, stand seiner Autonomie entgegen und durfte nicht länger als selbstverständliche Normierung seiner Wertewelt und seines alltäglichen Lebens gelten. Zwar hieß dies nicht zwangsläufig, daß die Geschichte für die Aufklärung keine Rolle mehr spielte, sondern nur, daß jeder gegenwärtige Wert, jede gesellschaftliche oder geistige Norm sich vor dem Richterstuhl der Vernunft zu rechtfertigen hatte. An Stelle der Legitimierung von Lebens- und Gesellschaftsordnung durch die Geschichte trat die Rechtfertigung durch die menschliche Vernunft: Durch sie wurde die umfassende Kritik an allem Bestehenden legitimiert. Vernunft und Kritik sind folglich Schlüsselbegriffe der Aufklärung.

Schon der englische Dichter Alexander Pope hatte in seinem 1732–1734 veröffentlichten »Essay on Man« den Satz formuliert: »The proper study of mankind is man.« Der Mensch selbst wird zum Mittelpunkt der Erkenntnis und zur Quelle aller Vernunft. Aufgeklärtes Denken ist in dieser Beziehung anthropozentrisches Denken. Emanzipation des Menschen erfolgt also nicht allein von der Herkunft, sondern ebenso von jeglicher metaphysischen Determination. Genauer gesagt: Auch das nicht empirisch Erfahrbare muß sich vor der menschlichen Vernunft rechtfertigen. Dies führte zu der Forderung, auch die Religion müsse vernünftig sein. Sämtliche kirchlichen, gesellschaftlichen und politischen Normen mußten gemäß der Aufklärung unter dem dreifachen Aspekt von Wahrheit, Vernünftigkeit und Natürlichkeit geprüft werden. Diese Prüfung aber war niemals abgeschlossen. Das Denken der Aufklärung war dialogisch, war diskursiv. Wahrheitssuche galt als besser, als der – vermeintliche – Besitz der Wahrheit. Gotthold Ephraim Lessing hat in seinem kurzen Text »Eine Duplik« 1778 die klassische Formulierung gegeben: »Nicht die Wahrheit, in deren Besitz irgendein Mensch ist, oder zu seyn vermeynet, sondern die aufrichtige Mühe, die er angewandt hat, hinter die Wahrheit zu kommen, macht den Werth des Menschen. Denn nicht durch den Besitz, sondern durch die Nachforschung der Wahrheit erweitern sich seine Kräfte, worinn allein seine immer wachsende Vollkommenheit bestehet.« In seinem Drama »Nathan der Weise« hat Lessing mit der Ringparabel diese Maxime dichterisch vollendet.

Schon Generationen vorher hatte der französische Frühaufklärer Pierre Bayle in seinem »Dictionnaire historique et critique« den Weg gewiesen. Dieses Schlüsselwerk aller Aufklärung diente weniger der Entdeckung des Wahren als der Entdeckung des Falschen. Bayle wollte mit seinem Werk ein »Register von Fehlern« geben. Dieser Zielsetzung entsprach es, daß der Theologie und der Metaphysik der Anspruch auf alleinige Wahrheitserkenntnis streitig gemacht wurde. Kirchen, Staaten und Stände sollten gezwungen werden, ihre Herrschaft als vernünftig zu legitimieren oder auf sie zu verzichten. Indem ihre Allmacht bestritten wurde, erhob sich die Forderung nach Toleranz – Toleranz unter den Religionen, Toleranz gegenüber abweichenden politischen Meinungen, Toleranz der sozialen Stände untereinander und die Abschaffung sozialer Privilegierung. Die gesellschaftliche Ordnung sollte dem gemeinen Nutzen dienen, die staatlichen Aufgaben wurden definiert, die Fürsten sollten zu ersten Dienern des Staates werden.

Da die Aufklärung aber davon ausgehen konnte, daß die Vernunft dem Menschen nur als Vermögen gegeben ist, nicht aber als eine vollendete Befindlichkeit, wurde die Aufklärung selbst zum Prozeß. Ihre Mittel waren nicht allein Vernunft und Kritik, sondern auch die Erziehung – sie war notwendig, um die »Verbesserung des Menschengeschlechts« herbeiführen zu können. Wenn man das 18. Jahrhundert mit guten Gründen als philosophisches Zeitalter charakterisiert hat, so kann man es mit ebenso stichhaltiger Argumentation als pädagogisches Jahrhundert charakterisieren. Auf die Frage »Leben wir jetzt in einem *aufgeklärten* Zeitalter?« antwortete Kant: »Nein, aber wohl in einem Zeitalter der *Aufklärung*«. Aufklärung ist also nicht, sondern wird. Die Aufklärer waren von der Bildungsfähigkeit des Menschen überzeugt und beurteilten ihr eigenes Zeitalter als aufgeklärter als die Zeit ihrer Väter und Vorväter, folglich gingen sie von der Möglichkeit des Fortschritts in der Geschichte aus.

2. Voraussetzungen der Aufklärung

Wie erklärt sich die Erschütterung des theologischen Weltbildes, die die Voraussetzung zur Entwicklung der Aufklärung gewesen ist? Die wesentlichen Ursachen waren:
– Die Entdeckung neuer Kontinente und damit außerchristlicher Kulturen stellte das eurozentrische Weltbild in Frage.
– Die Entwicklung der Naturwissenschaften seit dem 15. und 16. Jahrhundert entzog der christlichen Deutung des Kosmos den Boden.
– Die Renaissance bewirkte eine intensivere Erfahrung der Individualität und des Diesseits. Sie brachte schließlich eine Wiederentdeckung der vorchristlichen Antike und eine humanistische Kritik am vermeintlich »finsteren« Mittelalter. Die historisch-kritische Philologie, die Richard Simon später für die Bibelkritik nutzbar machte, entwickelte sich aus den Sprachstudien der Humanisten.
– Die philosophische Erkenntnistheorie von Francis Bacon und René Descartes formulierte die Grundprobleme menschlichen Erkennens auf eine Weise, die bis zu Hume und Kant wegweisend wurde. Ein Nebeneffekt dieser erkenntnistheoretischen Reflexion lag darin, daß für theologische Gottesbeweise immer weniger Raum blieb. Die von Kant später formulierte Trennung von Glauben und Wissen entwickelte sich in diesem Kontext.
– Die Reformation brachte schließlich innerhalb des Christentums die Erfahrung differenter Exegese und Dogmatik. Neben der theologischen Problematisierung wurde es im Heiligen Römischen Reich Deutscher Nation, aber auch in anderen europäischen Staaten immer dringlicher, zu einer Koexistenz christlicher Konfessionen zu gelangen.
– Die religiösen Bürgerkriege in Deutschland, Frankreich und England während des 16. und 17. Jahrhunderts stellten die Lösungsbedürftigkeit des Koexistenzproblems jedermann vor Augen. Zu den ideellen Antworten zählten der *Antikonfessionalismus* im negativen und die *Forderung nach religiöser Toleranz* im positiven Sinn. Beide Themen blieben auch während des 18. Jahrhunderts von ungemeiner Aktualität. Die Reichweite des Toleranzpostulats zeigte sich schon in Gottfried Arnolds Versuch, auch Häresien Ge-

rechtigkeit widerfahren zu lassen, ja sogar die Häresien positiver zu bewerten als die Amtskirchen. Nicht zufällig sprach Arnold von der »wolthat der Christlichen Tolerantz und freyheit in gewissenssachen«.

– Die Kenntnis vorchristlicher Kulturen, die Information über nichtchristliche Religionen und die Existenz mehrerer christlicher Konfessionen nebeneinander provozierten schließlich die Frage: Was ist den Religionen – den christlichen und den nichtchristlichen – gemeinsam? Was ist der wesentliche – gleichsam natürliche – Kern aller Religionen? Was hat es mit der Offenbarung auf sich, wenn verschiedene Offenbarungen miteinander konkurrieren? Eine solche Konkurrenz erschütterte nicht nur die einzelne Offenbarung, sondern den Glauben an die Offenbarung überhaupt. Aus dieser Problematisierung folgten verschiedene Formen aufgeklärter Religionskritik. Auch dies ist keine Frage nur der deutschen, sondern der europäischen Aufklärung.

3. Zeitliche und geographische Einordnung

Für welchen Zeitraum kann man von Aufklärung sprechen, in welchen Ländern gewann die Aufklärung Bedeutung?
Die Aufklärung ist eine übernationale, im Prinzip kosmopolitische, überständische und überkonfessionelle Bewegung gewesen, die im wesentlichen im späten 17. Jahrhundert begann und bis zum Beginn des 19. Jahrhunderts partiell Geltung besaß. Diese grobe Periodisierung bedarf aber der Differenzierung. So müssen wir zunächst darauf hinweisen, daß es kaum eine Zeit gab, in der aufgeklärtes Denken unangefochten gewesen wäre. Tatsächlich existierte in diesem Zeitraum vom 17. bis zum 19. Jahrhundert immer eine ganze Reihe konkurrierender theologischer, philosophischer und literarischer Strömungen nebeneinander. Innerhalb des aufgeklärten Denkens gab es beispielsweise mit dem Rationalismus und dem Sensualismus zwei konträre philosophische Richtungen. Daraus folgt, daß die Aufklärung, die einerseits ein Bewegungsbegriff ist, andererseits aber als Epochenbegriff benutzt wird, wenn man beispielsweise vom »Zeitalter der Aufklärung«

spricht, in den unterschiedlichen Sektoren und in den einzelnen Ländern nicht zwangsläufig gleichzeitig eine dominierende Strömung wurde. Zweifellos ist die Kennzeichnung ganzer Zeitalter unter einer bestimmten ideengeschichtlichen Charakterisierung fragwürdig. Das gilt allein schon deshalb, weil es nationale Unterschiede gibt, zugleich aber das Verhältnis der Aufklärung zu den Konfessionen eine konstitutive Bedeutung für ihre jeweilige epochenspezifische Geltung gewann.

So setzte die Aufklärung in Deutschland in den protestantischen Territorien früher ein als in den katholischen, dort aber behielt sie noch im ersten Drittel des 19. Jahrhunderts Bedeutung. Die konfessionelle Spaltung Deutschlands, aber ebenso die regionale Vielgestaltigkeit des Heiligen Römischen Reiches Deutscher Nation prägte auch die Aufklärung. Die hier gegebene zeitliche Abgrenzung gilt also nur cum grano salis, zumal Ursprünge und Vorläufer schon seit dem 16. Jahrhundert anzutreffen sind, andererseits aber eine gesellschaftliche Breitenwirkung der Aufklärung erst ungefähr seit Mitte des 18. Jahrhunderts einsetzte. Diese Feststellung gilt insbesondere für die Beurteilung des kirchlichen Lebens zur Zeit der Aufklärung.

Als eine theologische, philosophische, literarische, politische, juristische und gesellschaftliche Bewegung von europäischem Ausmaß ist die Aufklärung nicht allein in ihren einzelnen Gegenstandsbereichen zeitlich zu differenzieren, sondern auch national. In dieser Hinsicht stellt der Terminus Aufklärung einen Sammelbegriff dar, der zum Teil durchaus heterogene Strömungen umfaßt. Trotz der notwendigen nationalen Differenzierung bildet die Aufklärung eine der letzten, alle wesentlichen Bereiche menschlichen Lebens umfassenden europäischen Bewegungen. In nahezu allen europäischen Kulturstaaten läßt sich der Einfluß der Aufklärung nachweisen. Das gilt nicht allein für diejenigen Staaten, in denen die Aufklärung zuerst Bedeutung gewann – in den Niederlanden, in Großbritannien und Frankreich –, sowie für die, in denen sie danach eine zentrale Rolle spielte: in Deutschland und Teilen Italiens. Denn auch in Spanien und Rußland gewann die Aufklärung Einfluß – um nur diese beiden zusätzlichen Beispiele zu nennen. Während die Niederlande gerade in der Frühphase für die Vermittlung aufgeklärten Gedankenguts auch deshalb eine große Rolle spielten, weil hier die Zensur gerade für religionskritische und erkenntnistheoretische Schriften kein Hindernis darstellte, wurden England, Frankreich und Deutschland zunehmend zu Kernländern der Aufklärung.

Der übernationale Charakter der Aufklärung kommt allein schon in der Wortgeschichte zum Ausdruck, weisen doch die meisten europäischen Kultursprachen eine analoge Wortbildung auf. Spricht man in Frankreich von »les Lumières«, worin die Pluralität der Aufklärung zum Ausdruck kommt, so in England von »Enlightenment«, in Italien von »Illuminismo«, in Spanien von »Illustración«. Für alle Wortprägungen, die die Aufklärung charakterisieren, spielt die Lichtmetaphorik eine zentrale Rolle. Sie richtete sich gegen die vermeintlich finsteren Jahrhunderte, »das dunkle Mittelalter«, und sah sich selbst als »goldene« Zeit der Humanisierung, Aufklärung und Verschönerung des bürgerlichen und gesellschaftlichen Lebens, wie Christoph Martin Wieland diesen Zusammenhang charakterisiert hat. Aufklärung, das ist selbstverständlich Licht, ist Aufhellung und Erleuchtung. Wie immer die nationalen Ausprägungen ausfielen, die Leitideen waren übernational, waren kosmopolitisch, waren der Menschheit gemeinsam.

4. Bedeutung und Auswirkungen der Aufklärung

Aus dieser übernationalen Prägung der Aufklärung ergibt sich ihre fortwirkende Bedeutung, spielt die Aufklärung doch für die europäische Moderne eine zentrale Rolle. Dies gilt nicht allein für die Formulierung autonomer Menschenvernunft sowie die zuweilen paradoxe Verbindung von pessimistischer Zeitkritik und Fortschrittsglauben, die die Geschichte als einen Prozeß unaufhörlicher Verbesserung ansieht. Die Maxime »Wissen ist Macht« wird sowohl auf die individuelle Erziehung des Menschen als auch die Bildungspolitik der Staaten angewendet; für die Wissenschaftsgläubigkeit der Moderne ist dies ebenso charakteristisch wie für den umfassenden Säkularisierungsprozeß der Neuzeit. Nahezu alle wesentlichen Probleme von Religion, Kultur, Gesellschaft,

Wirtschaft und Politik, die für das heutige Europa Bedeutung haben, sind in ihrer prinzipiellen Dimension oder in ihren Vorformen bereits in der Aufklärung analysiert und diskutiert worden. Das heutige Verständnis eines liberalen, gewaltenteiligen Rechtsstaats, einer Gesellschaftsordnung, in der alle Klassen und Menschen ihren Platz haben, einer Toleranzpolitik, die die Koexistenz von Konfessionen und Religionen erlaubt, ist im 18. Jahrhundert formuliert worden und bleibt für viele Staaten in der Welt auch heute noch ein nicht eingelöstes Programm. Auf der anderen Seite hat gerade das 20. Jahrhundert auch eine selbstkritische Reflexion der Aufklärung provoziert: Hierzu gehört vor allem die Tatsache, daß derjenige Teil der Aufklärung, der den Fortschritt auf seine Fahnen geschrieben hatte, die Dialektik dieses Fortschritts erkennen mußte. Sie bezieht sich einmal auf wissenschaftliche Erkenntnisse, die um ihrer selbst willen weitergetrieben werden – und dies in gewisser Weise auch müssen –, die aber in ihrer Anwendung ambivalent sind. Ich erinnere nur an die Diskussion über die Atomenergie oder die Gentechnologie. Wir wissen heute, daß das Prinzip »Wissen ist Macht« auch die Macht der Selbstzerstörung umfaßt.

Die totalitären Ideologien des 20. Jahrhunderts, die z. T. – wie der Kommunismus – in Anspruch nehmen, die Aufklärung fortzuführen, haben keineswegs die Mündigkeit des Menschen und seine Selbstbestimmung verstärkt, sondern im Gegenteil in die absolute Unmündigkeit und Sklaverei geführt. Das Verhältnis des Allgemeinwillens, der von Rousseau formulierten »volonté générale«, zur individuellen Freiheit und Selbstbestimmung mußte neu bestimmt werden. Die totalitären Ideologien haben schließlich dazu geführt, daß Autoren wie Max Horkheimer und Theodor W. Adorno, die sich selbst durchaus als Erben der Aufklärung sahen, 1947 die »Dialektik der Aufklärung« analysiert haben.

Die inflationäre Verwendung des Begriffs »Aufklärung« oder »aufgeklärt« im 20. Jahrhundert und bis in unsere Tage hinein bedarf der historischen Vergegenwärtigung der Ursprünge und Ziele der Aufklärung in ihren jeweiligen epochenspezifischen Bezügen: Nur so wird deutlich, inwiefern die Gegenwart ohne die europäische Aufklärung nicht denkbar ist, inwieweit sie der historischen Perspektive bedarf.

Der Einfluß der Aufklärung auf die Entstehung des demokratischen Rechtsstaates*

REINHOLD ZIPPELIUS

1. Der Anspruch auf individuelle Kompetenz

Die angemessene Gestalt der Gemeinschaftsordnung war über lange historische Epochen durch autoritative Überlieferung vorgegeben, in Europa vor allem durch das von Christentum und römisch-germanischer Tradition geprägte Weltbild, das von den Einzelnen nicht zu hinterfragen war. In solchen Weltanschauungen fanden auch anderwärts auf frühen Stufen der Kulturentwicklung zumal die Normen des Rechts und der Moral ihren Platz und ihre Rechtfertigung. Aus ihnen waren diese Normen ableitbar und interpretierbar.

Zu Beginn der Neuzeit verbreitete sich aber in Europa der Anspruch, überkommene Autoritäten durch individuelle Kompetenzen zu verdrängen. Luther begehrte gegen die päpstliche Lehrautorität auf und verkündete, daß jeder Christ am allgemeinen Priestertum teilhabe, das heißt, »daß wir die gleiche Gewalt am Wort Gottes und an jedem Sakrament haben«.[1] Dieses Verlangen war zunächst nur darauf gerichtet, sich nach eigener gewissenhafter Prüfung für das rechte Verständnis von Gottes Wort zu entscheiden. Doch, erst einmal in die Welt gesetzt, war der Anspruch auf religiöse Selbstverantwortung nicht mehr durch den Gedanken Luthers zu bändigen, daß der Herrscher selbst in der Verantwortung vor Gott handle[2] und nur »Gottes Amtmann« sei. Es war folgerichtig, daß jener Anspruch nicht nur gegen die päpstliche

---

* *Walter Leisner* zu seinem bevorstehenden siebzigsten Geburtstag in kollegialer Verbundenheit gewidmet

Lehrautorität, sondern auch in Auseinandersetzung mit der Staatsgewalt erhoben wurde, besonders nachdrücklich von den Huge-
notten in Frankreich, von den Calvinisten in den Niederlanden
und von den Puritanern in England. Unter der Parole »Man muß
Gott mehr gehorchen als den Menschen« setzten die Independen-
ten sich gegen den religiösen Dirigismus Karls I. und seines Erz-
bischofs Laud erfolgreich zur Wehr. Nach dem ersten englischen
Bürgerkrieg machte sich die republikanisch-demokratische Partei
der Leveller daran, einen Verfassungsvertrag – das »Agreement of
the People«[3] – zu entwerfen (1647). Darin stand, daß Religionsan-
gelegenheiten und die Art und Weise, Gott zu verehren, keiner
weltlichen Gewalt anvertraut sein sollten (Art. IV 1) – eine frühe
Formulierung der Religionsfreiheit. Wohl blieb das Agreement ein
bloßer Entwurf. Doch ist es ein denkwürdiges Dokument revolutionären Vorstellungswandels, nicht nur, was die Religionsfreiheit
angeht, sondern auch noch in anderer, nicht minder wichtiger Hinsicht: Man schickte sich an, den Anspruch auf Selbstbestimmung
vom religiösen auf den weltlichen Bereich zu erweitern. Politische
Autorität sollte von nun an auf ein Agreement – eine Vereinbarung
der Bürger – statt auf die göttliche Verleihung eines Amtes gegründet werden. So lief neben dem Weg zur Glaubensfreiheit eine
zweite Spur her, die vom Gottesgnadentum[4] zur Demokratie
führte. Die »spiritualistische Zersetzung des Kirchenbegriffs führte
zu einer Individualisierung, von der aus der Schritt zu einer indi-
vidualistischen Demokratie nicht weit war«[5], das heißt dahin, daß
der Staat nicht mehr als eine gottgewollte und vorgegebene Ordnung, sondern als Ergebnis menschlicher Vereinbarung aufgefaßt
und das Gemeinwesen »zu einer nützlichen menschlichen Einrich-
tung rationalisiert und säkularisiert« wurde.[6] Kurz, die Geburts-
stunde der modernen Demokratie liegt nahe bei jener der Glau-
bens- und Gewissensfreiheit.[7]
In den nordamerikanischen Kolonien gewannen die in England
vorgedachten Gedanken – zumal die Ideen John Lockes – teils
rasch, teils zögernd an Boden. Während die Gewährleistung der
Religionsfreiheit in England im Jahr 1647 nur ein Entwurf blieb,
wurde eine ähnliche Bestimmung im gleichen Jahr bei den Kolo-
nisten in Rhode Island Gesetz, dem bald Pennsylvania in der reli-

giösen Toleranz folgte; 1671 wurde in den General Fundamentals von New Plymouth die Glaubens-, Gewissens- und Kultusfreiheit für unverletzlich erklärt; 1776 bestimmte die Bill of Rights of Virginia, die zum Vorbild für spätere Grundrechtserklärungen wurde, »daß Religion oder die Pflicht, die wir unserem Schöpfer schulden, und die Art, wie wir ihr nachkommen, lediglich durch Vernunft oder Überzeugung geleitet werden kann, nicht aber durch Zwang oder Gewalt; deshalb haben alle Menschen gleichen Anspruch auf freie Ausübung der Religion gemäß den Geboten des Gewissens, und es ist eine gegenseitige Pflicht aller, christliche Geduld, Liebe und Güte im Verkehr untereinander zu üben« (Art. 16). Im ersten Zusatzartikel (1791) zur nordamerikanischen Bundesverfassung von 1787 steht unter anderem, daß der Kongreß kein Gesetz erlassen darf, das die Einführung einer Staatsreligion zum Gegenstand hat oder die freie Religionsausübung verbietet.[8]

Eine tiefe Skepsis gegen autoritativ vorgegebene religiöse und moralische Wahrheiten war vor allem auch durch die nachmittelalterlichen Glaubenskriege entstanden: die Hugenottenkriege in Frankreich, den Dreißigjährigen Krieg in Deutschland und die zur gleichen Zeit in England geführten Bürgerkriege, in denen man sich im Namen unterschiedlicher theologischer und moralischer »Wahrheiten«, die mit einem Absolutheitsanspruch auftraten, die Köpfe einschlug. Vor diesem Hintergrund bekundete Thomas Hobbes sein tiefes Mißtrauen gegen die »zwitterhaften Lehrsätze der Moralphilosophie«, die »zur Ursache alles Streitens und Mordens werden«.[9] Zur gleichen Zeit wurden weit entfernte Kulturen entdeckt und erschlossen, andere Hochkulturen rückten durch die Intensivierung von Handel und Verkehr dem öffentlichen Bewußtsein näher, und angesichts dieser nun augenfälligen Vielfalt möglicher Weltanschauungen drängte sich ein Kulturvergleich auf. Aus beiden Gründen fand der Einzelne sich auf sein eigenes Urteil und Gewissen zurückgeworfen. Die Einsicht in die Grenzen der Erkenntnis und in die mannigfache Bedingtheit, also Relativität religiöser, moralischer und politischer Auffassungen, wurde zur Mutter der Toleranz. John Locke vertrat in seiner Epistola de tolerantia die Ansicht, Gottesverehrung sei private, nicht staatliche Angelegenheit. Lessings »Nathan« brachte in der Ringparabel die

Skepsis gegen den Alleingeltungsanspruch von Religionen zum Ausdruck. In Lessings Duplik erschien es als Los des Menschen, ewig die Wahrheit zu suchen, ohne Gewähr, die reine Wahrheit je zu erreichen. Gibt es keine allgemein akzeptierten, heteronomen moralischen Autoritäten, dann bleibt das Gewissen eines jeden die letztzugängliche Instanz, zu der unser Bemühen um moralisches Urteil vordringen kann. So erklärte Kant das – vom kategorischen Imperativ geleitete – Gewissen des Einzelnen für die höchste moralische Instanz.

Die Verunsicherung ließ sich ins Positive wenden. Der Entschluß, sich auf sein eigenes Urteil zu verlassen, erschien Kant als der entscheidende Schritt zur Mündigkeit des Menschen: »Aufklärung ist der Ausgang des Menschen aus seiner selbstverschuldeten Unmündigkeit. Unmündigkeit ist das Unvermögen, sich seines Verstandes ohne Leitung eines anderen zu bedienen. Selbstverschuldet ist diese Unmündigkeit, wenn die Ursache derselben nicht am Mangel des Verstandes, sondern der Entschließung und des Muthes liegt, sich seiner ohne Leitung eines andern zu bedienen. Sapere aude! Habe Muth, dich deines eigenen Verstandes zu bedienen! ist also der Wahlspruch der Aufklärung.«[10] In diesen Gedanken sammeln sich wie in einem Brennpunkt mehrere Linien der vorangegangenen Entwicklung und der folgenden Staats- und Rechtsgestaltung.

2. Demokratische Legitimität

Wenn das Gewissen jedes Einzelnen die letzte uns zugängliche moralische Instanz ist, dann hat jeder einen gleichen Anspruch auf moralische Selbstbestimmung. Darauf gründet sich der Anspruch auf Achtung der Menschenwürde und der mit ihr verbundenen Freiheiten, insbesondere der Gewissens- und Glaubensfreiheit.

Ins Verfassungsleben übertragen, entsprach der Vorstellung Kants von einem gleichberechtigten moralischen Selbstbestimmungsrecht aller[11] auch der schon ältere Gedanke Rousseaus eines politischen Selbstbestimmungsrechts der Bürger, wonach die Staatsgewalt Ausdruck bürgerlicher Selbstbestimmung zu sein habe[12] und

»das Volk, das den Gesetzen gehorcht, auch ihr Urheber« sein müsse[13].

Auch dieses politische Selbstbestimmungsrecht läßt sich letztlich auf die moralische Autonomie zurückführen. Denn, wenn niemand den begründeten Anspruch erheben kann, er sei im Besitz der Wahrheit darüber, was getan werden soll, dann muß die gewissenhafte Überzeugung eines jeden gleich viel gelten. Also kann über die Legitimität staatlichen Handelns nur der Konsens der Bürger – faute de mieux ihr mehrheitlicher Konsens – entscheiden, freilich nicht ein vordergründiger, interessengeleiteter oder manipulierter, sondern ein vernunftgeleiteter Konsens. Dieser soll sich darauf gründen, was allen oder doch den meisten nach bestmöglichem Vernunftgebrauch einleuchtet.[14] Auf diese Weise führt die Vorstellung von der gleichberechtigten moralischen Kompetenz aller zu dem demokratischen Anspruch auf Mitbestimmung und Mitentscheidung aller über die Fragen des Rechts und der Gerechtigkeit und der politischen Gewalt. Diese Mitbestimmung und Mitentscheidung sollte sich in einem freien, argumentierenden Wettbewerb der Überzeugungen vollziehen. Das sollte die größtmögliche Chance eröffnen, daß in der Gemeinschaft, wenn nicht absolute Wahrheiten, so doch diejenigen Gerechtigkeitsvorstellungen zur Geltung kommen, die ihre Grundlage im Gewissen, d. h. – aufs Recht bezogen – im Rechtsgefühl[15] möglichst vieler haben. Damit ist ein schwieriger Punkt berührt, auf den später noch einzugehen ist. Halten wir aber vorerst fest: Die Frage der Legitimation wurde aus dieser Sicht zum Konsensproblem.

3. Die Strukturierungsbedürftigkeit des demokratischen Prozesses

Hat die Idee von der Konsensgrundlage des Rechts und der politischen Gewalt die Probe bestanden? Daß moralische Autonomie und politische Selbstbestimmung in der politischen Gemeinschaft nicht rigoros zu verwirklichen sind, hat sich bald gezeigt: Sie würden einstimmige Entscheidungen fordern. Auf Einstimmigkeit läßt sich aber eine für viele geltende praktikable Ordnung nicht gründen. So ließ Rousseau den Willen der Mehrheit genügen und verband ihn mit der Fiktion: Schon der Mehrheitswille bringe einen Gemeinwillen zum Ausdruck, der das Gesamtinteresse aller repräsentiere.[16] Aber selbst wenn man unterstellt, daß das Gesamtinteresse ein legitimer Maßstab sei, ist nicht einzusehen, daß etwa in einem konfessionell gemischten Staat die wahren konfessionellen Interessen der Minderheit sich mit denen der Mehrheit decken müßten. Auch weiß man seit Robespierre, daß sich auf die unklare Idee vom verbindlichen Gemeinwillen einer Nation menschenverachtende Tyranneien gründen lassen.

So ist also das Schema einfacher Mehrheitsentscheidung zu modifizieren. Mehrheiten sind lenkbar und verführbar und können Minderheiten tyrannisieren. Der demokratische Prozeß verlangt daher nach Freiheitsgewährleistungen und nach Strukturierungen, die einer Konzentration und einem Mißbrauch der Macht entgegenwirken und die staatlichen Entscheidungsprozesse in die Bahnen vernünftiger und gerechter Erwägungen lenken. Nur eine rechtsstaatliche Demokratie ist auch eine freiheitliche Demokratie, so war es schon in den Vorüberlegungen zur nordamerikanischen Verfassung[17] und später bei Alexis de Tocqueville[18] und John Stuart Mill[19] zu lesen.

Durch Mehrheitsentscheide ist also der Minderheit keine Lektion über das wahre Gesamtinteresse zu erteilen. Vielmehr sind die von der Mehrheit Überstimmten vor der Tyrannei der Mehrheit zu schützen. Grundrechte haben nicht zuletzt als »Minderheitenschutz«, als Begrenzung mehrheitlicher Regelungsmacht, zu wirken. Entgegen einer Ansicht, die während der Französischen Revolution verbreitet war, sind also elementare Freiheiten der Einzelnen auch der Regelungskompetenz des Gesetzgebers und damit auch dem (unmittelbaren oder mittelbaren) Zugriff der Mehrheit zu entziehen. Auch ist den Minderheiten – insbesondere durch die Gewährleistung von Meinungsfreiheit, Versammlungsfreiheit und Vereinigungsfreiheit – die Chance offenzuhalten, für ihre von der Mehrheitsmeinung abweichenden Ansichten zu werben und zur »Mehrheit« zu werden.

Über solche Grundrechtsgewährleistungen hinaus ist der gesamte politische Prozeß im Rechtsstaat anders zu institutionalisieren, als es dem radikaldemokratischen Modell entspräche. Durch Gewaltenteilung und Verfahrensregeln ist er so zu ordnen, daß er als kontrolliertes Geschehen abläuft. Die Regelungs- und Entscheidungsbefugnisse sind aufzuteilen und zu begrenzen: Die Gesetzgebung soll generelle, verbindliche Vorgaben auch für staatliches Handeln schaffen; insbesondere sind die Gerichte und die Verwaltung an das Gesetz zu binden. Die Kompetenz der Gesetzgebungsorgane findet aber ihre notwendige Ergänzung in den Kompetenzen der Gerichte und der »Exekutive«. Weitgehend vollzieht sich staatliches Handeln unter dem Vorbehalt des Gesetzes, d. h. in einem Zusammenspiel von Gesetzgebung und Gesetzesanwendung – also von »programmierenden« und »programmierten« Entscheidungen.

Wirksame Teilung politischer Gewalt erfordert auch eine ausgewogene Konkurrenz der gesellschaftlichen Kräfte, zumal der Parteien, der Verbände und der Massenmedien. Sie repräsentieren, organisieren und lenken die in der Gemeinschaft vorhandenen Interessen und Meinungen und bringen sie in den Staatsorganen oder durch deren Beeinflussung zu rechtlicher Wirkung. Nicht zuletzt setzt eine effektive Machtkontrolle voraus, daß die staatlichen und gesellschaftlichen Machtstrukturen und Entscheidungsprozesse durchschaubar sind.

4. Die Abklärung der Konsensfähigkeit

Die rechtsstaatlichen Verfahren sollen zu Entscheidungen führen, die für das Rechtsempfinden der Mehrheit akzeptabel sind. Zugleich sollen sie aber die Konsensbereitschaft der Bürger in die Bahnen vernünftiger Gerechtigkeitserwägungen lenken. Um in solcher Weise zu Rechtsnormen und konkreten Entscheidungen zu gelangen, die von der Mehrheit der Bürger auch nach verständiger und gewissenhafter Prüfung gebilligt werden können, müssen die Interessen- und Meinungskonflikte nach geeigneten »Spielregeln« entschieden werden.

Eine grundlegende Spielregel ist das Offenhalten der Rechtsentwicklung und der politischen Entscheidungsprozesse für Auseinandersetzung und Kritik. Dies ergibt sich unmittelbar aus der Prämisse des Konsensprinzips, die verlangt, daß die gleichberechtigte Mitwirkungskompetenz eines jeden, und damit auch dessen Meinungsfreiheit, fortwährend zu achten und zu wahren ist. Diese Spielregel dient zugleich der Rationalität der Entscheidungsprozesse. Sie hat in diesen eine heuristische und eine kritische Funktion: Sie soll gewährleisten, daß erhebliche, aber bisher verborgene Tatsachen und Argumente zutage gefördert und daß Fehlentwicklungen und einseitige Manipulationen als solche erkannt und dargestellt werden.

Sollen Vernunft und Gerechtigkeitssinn so unbefangen wie möglich zur Geltung kommen, muß ferner Distanz gegenüber einem interessengebundenen Engagement hergestellt werden. Abstand zu konkreten Interessenbindungen kann auf verschiedene Weisen gewonnen werden: Man kann Rollendistanz schaffen, indem man unparteiische Entscheidungsinstanzen einrichtet. Und man kann zeitliche Distanz schaffen, indem man die Regelung von Interessenkonflikten abstrakt vorwegnimmt, bevor sie sich ereignen.

Distanz durch vorweggenommene, »abstrakte« Erwägungen wird in der politischen Praxis insbesondere dadurch geschaffen, daß man Institutionen und Spielregeln staatlichen Handelns in rechtsstaatlichen Verfassungen niederlegt. Solche Verfassungen sind Ergebnisse eines den Tagesstreitigkeiten vorweggenommenen Nachdenkens darüber, welche Prinzipien das Zusammenleben in einer Rechtsgemeinschaft bestimmen sollen. Durch sie wird ein wichtiges Element der Vernünftigkeit in den politischen Prozeß eingeführt, und es wird dafür gesorgt, daß später auch in der Hitze der Tagesstreitigkeiten die Regeln eines fairen Verfahrens und die prinzipiell schutzwürdigen Rechtspositionen der Einzelnen nicht mißachtet werden, und zwar auch von der Majorität nicht. Die Praxis rechtsstaatlicher Verfassungsberatung und Verfassungsgebung nähert sich dem Gedankenexperiment, mit dem der amerikanische Philosoph John Rawls nach den Grundsätzen suchte, »die freie und vernünftige Menschen in ihrem eigenen Interesse in einer anfänglichen Situation der Gleichheit zur Bestimmung der Grundverhältnisse ihrer Verbindung annehmen würden«.[20] In diesem Gedankenexperiment solle sich jeder für die Grundsätze der

Gemeinschaftsordnung hinter einem »Schleier der Unkenntnis« entscheiden, so nämlich, als hätte er keine Kenntnis von seiner Stellung in der Gesellschaft, auch nicht von seinen natürlichen Gaben, wie Intelligenz oder Körperkraft, und von seinen spezifischen Neigungen.[21] Unter dieser Bedingung könne niemand die Grundsätze des Zusammenlebens zum Vorteil seines eigenen Falles wählen, sondern jeder müsse für jeden – nämlich für alle Situationen, in die man durch äußere Umstände oder persönliche Veranlagung geraten könne – entscheiden.[22] Dieses Prinzip zwinge jeden, das Wohl der anderen – nämlich aller in irgendwelchen Situationen befindlichen Menschen – mit zu bedenken.[23]

Der Distanz gegenüber konkretem Interessenengagement und der Rationalität der Entscheidungen dient es auch, wenn staatliches Handeln sich nicht nur nach einer rechtsstaatlichen Verfassung, sondern auch sonst nach dem Grundsatz der Gesetzmäßigkeit vollzieht, also wiederum nach generellen Regeln, die schon festgesetzt wurden, bevor der jetzt zu entscheidende Interessenkonflikt eingetreten ist.

Die Gesetzmäßigkeit staatlichen Handelns dient zudem der Vorhersehbarkeit und der Kontrollierbarkeit staatlichen Handelns. Durch sie kommt auch der Grundsatz der Gleichbehandlung zur Geltung, und zugleich das Vernunftprinzip Kants, daß eine Entscheidungsmaxime jedenfalls nur dann richtig sein kann, wenn sie verallgemeinerungsfähig ist. Freilich liefern diese Prinzipien nur eine notwendige, aber noch keine zureichende Bedingung für die Gerechtigkeit von Entscheidungen: Nicht jede generelle Regel, nicht alles, was verallgemeinerungsfähig ist, ist allein schon aus diesem Grunde auch gerecht.[24]

In den Dienst vernünftiger Entscheidungsfindung werden auch zahlreiche andere Erwägungsmuster gestellt. Der Rationalität der Entscheidungen und deren Kontrollierbarkeit dienen nicht zuletzt Begründungspflichten, wie sie für Gesetze, Gerichtsentscheidungen und Verwaltungsakte bestehen.

Für ein »fair play« wird durch Verfahrensregeln gesorgt, insbesondere durch die Gewährleistung rechtlichen Gehörs und dadurch, daß auch sonst für alle Beteiligten »Waffengleichheit« gilt. Die Öffentlichkeit gerichtlicher, parlamentarischer und anderer Verfahren soll sicherstellen, daß jeder Betroffene seine Argumente vorbringen und jeder die erwogenen Tatsachen und Argumente kennenlernen und sich davon überzeugen kann, daß alles mit rechten Dingen zugegangen ist.

5. Der Beitrag repräsentativer Entscheidungsfindung

Wichtige Voraussetzungen dafür, daß Entscheidungsprozesse in der dargestellten kontrollierten, rationalen, »kultivierten« Form ablaufen, schafft das System repräsentativer Demokratie. Die Aufteilung unterschiedlicher Entscheidungsfunktionen auf verschiedene Organe – in der Demokratie auf Repräsentativorgane – ist die »technische« Bedingung jeder organisierten Gewaltenbalance und Machtkontrolle. Nur organisatorisch unterschiedene Gewalten können einander kontrollieren. Erst in einem Repräsentativsystem wird ein rechtsstaatliches »Rollenspiel« möglich.

Ein solches System dient auch der Rollendistanz. In ihm kann man Entscheidungsinstanzen einrichten, deren rechtliche und soziale Rolle sie in einen größtmöglichen Abstand zu den Interessenkonflikten setzt, über die sie entscheiden, und deren Sachkunde und Entscheidungsregeln darauf angelegt sind, die Rationalität der Entscheidungen zu verbessern. Die Funktionen distanzierter und rationaler Erwägungen werden am ehesten von unabhängigen Gerichten erfüllt, in eingeschränkter Weise aber auch von Bürokratien, die mit unparteiischen Fachbeamten besetzt sind. Auch das Fachbeamtentum soll nach den Worten des Bundesverfassungsgerichts[25] als eine Institution wirken, »die gegründet auf Sachwissen, fachliche Leistung und loyale Pflichterfüllung […] einen ausgleichenden Faktor gegenüber den das Staatsleben gestaltenden politischen Kräften« darstellt.

Die Unparteilichkeit der Gerichte und der Fachbeamten, ihre weitgehende Unabhängigkeit von den Einflüssen einzelner Interessentengruppen, soll nicht nur einem unbefangenen Interessenausgleich dienen. Sie bringt auch eigenständige Faktoren in das politische Kräftespiel ein und schafft damit ein subtiles, aber wichtiges Element realer Gewaltenkontrolle. Die hiernach gebotene

Trennung zwischen interessengebundenen und »neutralen« Rollen wird empfindlich gestört, wenn politische Parteien die Staatsverwaltung oder gar die Gerichtsbarkeit mit ihren Vasallen – in Gestalt von »Parteibuchbeamten und -richtern« – durchsetzen.

Selbst für die Parlamentarier wird ein Auftrag zur Rollendistanz im Grundsatz der auftragsfreien Repräsentation sichtbar, also darin, daß sie »an Aufträge und Weisungen nicht gebunden und nur ihrem Gewissen unterworfen« sind. Doch ist die Rollendistanz der Parlamentarier und der Regierung durch vielfältige Interesseneinflüsse gemindert. In einer pluralistischen Demokratie ist das ebenso unbestritten wie unvermeidbar; sollen doch hier in den politischen Institutionen in legitimer Weise Kompromisse zwischen den in der Gesellschaft konkurrierenden Interessen und Meinungen gesucht und »ausgehandelt« werden. Dabei kommen auch im parlamentarischen Entscheidungsprozeß rationale Elemente zur Geltung. Schon durch die Gliederung des Parlaments in Regierungsfraktion und Opposition werden die parlamentarischen Auseinandersetzungen der äußeren Form nach als Austausch von Argumenten strukturiert. Auch, daß die Auseinandersetzungen sich im Lichte der öffentlichen Kontrolle und Kritik vollziehen, ist ein disziplinierender Faktor.

Wo staatliche Akte einer gerichtlichen Kontrolle unterliegen, wird nicht zuletzt dadurch die Staatstätigkeit nachdrücklich in die Bahnen des Rechts und vor allem des verfassungsrechtlich Begründbaren und Haltbaren gelenkt. Wo eine gerichtliche Kontrolle besteht, vollziehen sich die Auseinandersetzungen der Interessen und Meinungen zum Teil im Gewande rechtlicher Argumentationen, im übrigen in dem Rahmen und in den Spielräumen, die durch das Recht abgesteckt sind.

Unter den genannten Kautelen kann es als eine Aufgabe der Repräsentanten, zumal der hohen Gerichte, erscheinen, gleichsam stellvertretend für die Gesamtheit zu räsonieren und damit als »Pfadfinder« konsensfähiger Gerechtigkeitsvorstellungen zu wirken und den Fortgang der öffentlichen Meinung in die Bahnen vernünftiger Argumentation zu lenken.

6. Demokratische »Rückkoppelung«

Nach demokratischem Legitimitätsverständnis dient aber das System rechtsstaatlicher repräsentativer Demokratie – mit all seinen institutionellen, prozeduralen und argumentativen Vorkehrungen – nur der Abklärung, welche Auffassungen geeignet sind, die meisten zu überzeugen. Es gilt also, rechtliche Lösungen zu finden, die vor dem Gerechtigkeitssinn der Mehrheit des Volkes bestehen können.

In einer funktionsfähigen Demokratie, in welcher die Wähler periodisch die Chance erhalten, zwischen konkurrierenden Parteien und damit auch zwischen möglichen Regierungen und politischen Programmen zu entscheiden, bleiben die Repräsentanten auch faktisch an die Konsensbereitschaft des Volkes gebunden. Sie müssen Entscheidungen anstreben, die für die Mehrheit akzeptabel sind und diese zu überzeugen vermögen. Andernfalls verlieren sie die demokratische »Autorität«. Diese bezeichnet in ihrem subtilsten Sinn die Identifikationsbereitschaft der Bürger, das heißt deren Bereitschaft, sich auch selbst als Urheber (»auctores«) der von den Repräsentanten getroffenen Entscheidungen zu denken, sich also vorzustellen: »So hätte ich es auch gemacht.« Auf solche Weise ist das repräsentative Handeln an die öffentliche Meinung »rückgekoppelt«. In rechtsstaatlich kultivierter Gestalt bleibt also das Konsensprinzip in Geltung. In der rechtsstaatlich ausgeformten repräsentativen Demokratie greifen also die Legitimation durch Verfahren und die Legitimation durch Konsens ineinander: nämlich der rationalisierende, kultivierende Anteil rechtsstaatlichen repräsentativen Handelns einerseits und dessen Rückbindung an die breite Konsensbasis der Rechtsgemeinschaft andererseits.

Diese Rückbindung an die Gesamtheit zeigt sich besonders an dem »Legitimationsdruck«, unter dem Regierungen und Parlamente stehen. In Auseinandersetzung nicht nur mit der parlamentarischen Opposition, sondern auch mit der öffentlichen Meinung müssen sie laufend ihre Entscheidungen rechtfertigen. Dabei genügt es nicht, nur um einen pauschalen Grundkonsens mit dem funktionierenden System zu werben. Nur wenn Regierung und Regierungsparteien den Konsens der Mehrheit für den überwiegenden Teil ihrer Entscheidungen finden, haben sie in einem Mehrparteiensystem die Chance, bei der nächsten Wahl wieder die Mehrheit der Wählerstimmen zu gewinnen und damit ihre Entscheidungskompetenzen erneut verliehen zu bekommen.

Auch die Gerichte, zumal die hohen Gerichte, stehen unter einem durchaus realen »Legitimationsdruck« gegenüber der Rechtsgemeinschaft. Das gilt für alle Fragen, in denen die Gesetze den Gerichten einen eigenen Anteil an der Lösung von Gerechtigkeitsproblemen lassen. Wenn die Mehrheit der Bürger verständnislos den Kopf über die Rechtssprüche der Gerichte schüttelt, das heißt, wenn diese die demokratische Legitimation und Autorität verlieren, büßen sie mit ihrem Ansehen auch den Einfluß ein, den sie auf die in der Gemeinschaft mehrheitsfähigen Rechtsauffassungen und nicht zuletzt auf die Gesetzgebung haben können.

7. Politische Kultur

Trotz all dieser Vorsorgen bleibt aber auch die rechtsstaatliche, repräsentative Demokratie hinter dem Ideal der Aufklärung zurück, Rechtsfragen ausschließlich auf der Grundlage des vernunftgeleiteten Gerechtigkeitssinnes eines Volkes zu entscheiden. Neben dem Sinn für Gerechtigkeit gewinnen auch in diesem Staatssystem persönliche Interessen und manipulierte Anschauungen und Stimmungen Einfluß. Zudem bringt das Repräsentativsystem seinerseits Machtstrukturen hervor, die in den Dienst einseitiger Interessen gestellt werden können. Im ganzen überwiegt jedoch die Chance, daß im gewaltenteiligen Rechtsstaat der Anteil unsachlicher Einflüsse vermindert und die Entscheidungen dem Gerechtigkeitssinn der Mehrheit angenähert werden.

In welchem Maße dies gelingt, hängt von der politischen Kultur ab, die in einem Gemeinwesen lebendig ist. Vor allem muß die Elitenbildung in Staat und Gesellschaft funktionieren. Insbesondere hat sich der Zugang zu und der Aufstieg in den öffentlichen Ämtern nach der »Eignung, Befähigung und fachlichen Leistung« zu richten, wie das Grundgesetz (Art. 33 Absatz 2) das verlangt. Das bedeutet, daß für die wichtigen öffentlichen Ämter die Bestgeeigneten nicht nur die besten Chancen haben, sondern auch zur Verfügung stehen sollten. Diese Forderung gilt nicht zuletzt für die politische Klasse und ist gerade bei ihr am schwierigsten zu verwirklichen. Man denkt an die Chancen der Populisten und Karrieristen und an die verbreitete Praxis, Ämter nach sachfremden Vasallitäten zu besetzen und überflüssige und überdotierte Pfründen zu schaffen.

Einer politischen Kultur bedarf es auch auf Seiten der Bürger. Insbesondere sind deren politisches Urteilsvermögen und ihr Wirklichkeitssinn zu kultivieren: Statt demagogisch ein isolierendes Wunschdenken zu wecken, sind den Bürgern stets auch die politischen und finanziellen Kosten und Risiken erstrebter Vorteile nahezubringen, damit sie nicht erst aus schmerzhafter Erfahrung lernen müssen. Die Mündigkeit eines Volkes zeigt sich in dem Mißtrauen, das es seinen falschen Propheten entgegenbringt, die politische und soziale Forderungen erheben und Wünsche erwecken, ohne die Kosten zu nennen. Sie zeigt sich in einem Sinn für die Vielfalt der Wirkungen, die sich mit allem politischen Handeln verbinden. Und sie zeigt sich in der Skepsis gegenüber allen, die sich im Alleinbesitz moralischer oder politischer Wahrheiten wähnen, und in der korrespondierenden Einsicht, daß man auch selber irren kann.

Das Horazische »sapere aude«, das Kant zum Wahlspruch der Aufklärung erhob, bezeichnet in seinem Doppelsinn den Mut zu einer rationalen Bewältigung der Fragen, welche die Welt uns aufgibt, zugleich aber auch das Bewußtsein, daß jeder Versuch hierzu ein Wagnis bleibt. Im Sinne dieses Wahlspruches versteht sich die freiheitliche Demokratie als ein Gemeinwesen, das allen Bürgern eine Chance eröffnet, ihre Meinungen und Interessen in rational kultivierter Konkurrenz mit anderen in das politische Geschehen einzubringen.[26] Sie versteht sich als die verfaßte offene Gesellschaft, in der fortwährend auch die Möglichkeit einer Selbstkorrektur und die nie endende Suche nach Gemeinwohl und Gerechtigkeit offengehalten wird.

Anmerkungen

Einige Teile des Textes sind meinem Buch »Das Wesen des Rechts«, 5. Aufl. 1997, entnommen.

1 *Martin Luther,* Von der babylonischen Gefangenschaft der Kirche, 1520, Von der Weihe.
2 Vgl. *M. Heckel,* Gesammelte Schriften, Bd. II 1989, S. 919 ff.
3 *S. M. Gardiner,* The Constitutional Documents of the Puritan Revolution, 3. Aufl. 1906, Neudruck 1958, S. 333 ff.
4 *Th. Würtenberger,* Die Legitimität staatlicher Herrschaft, 1973, S. 82 ff., 133 ff., 224 ff.
5 *K. Kluxen,* Geschichte Englands, 4. Aufl. 1991, S. 328.
6 *Kluxen* (Fn. 5), S. 326.
7 *R. Zippelius,* Recht und Gerechtigkeit in der offenen Gesellschaft, 2. Aufl. 1996, Kap. 3 I, 5 II, 25 I 5.
8 Vgl. *J. Hatschek,* Englische Verfassungsgeschichte, 2. Aufl. 1978, § 39; *K. Müller,* Kirchengeschichte, 3. Aufl., Bd. II 2, 1923, §§ 268 ff., 273.
9 *Th. Hobbes,* De Cive, 1642, Vorwort.
10 *I. Kant,* Was ist Aufklärung? 1784.
11 *I. Kant,* Grundlegung zur Metaphysik der Sitten, 1785.
12 *J. J. Rousseau,* Contrat social, I 6.
13 *Rousseau* (Fn. 12), II 6.
14 Näher dazu *R. Zippelius,* Rechtsphilosophie, 3. Aufl. 1994, §§ 18 I, 20 III, 39 I.
15 Dazu *Zippelius* (Fn. 7), Kap. 7 I.
16 *Rousseau* (Fn. 12), II 3, IV 2.
17 *Federalist,* Nrn. 10 und 51.
18 *A. de Tocqueville,* Über die Demokratie in Amerika, I 1835, II. Teil, Kap. 7.
19 *J. St. Mill,* Essay on Liberty, 1859, Kap. 1.
20 *J. Rawls,* A Theory of Justice, 1971, S. 11.
21 *Rawls* (Fn. 20), S. 12, 18 f., 136 ff.
22 *Rawls* (Fn. 20), S. 139 f.
23 *Rawls* (Fn. 20), S. 148.
24 *Zippelius* (Fn. 7), Kap. 2 I 5.
25 *BVerfGE* 7, 162.
26 Vgl. *BVerfGE* 5, 135; 69, 344 f.

Ursprung und Quellen europäischer Naturwissenschaft

BERNULF KANITSCHEIDER

1. Griechische Grundsätze des Naturerkennens

Wenn wir den geistigen Sonderweg Europas, um den Ausdruck von Jan Romein zu verwenden, in bezug auf die Naturwissenschaft verstehen wollen, müssen wir uns auf die griechische Antike zurückbesinnen. Zu den zentralen Grundsätzen des Naturerkennens gehört erst einmal das *Immanenzprinzip des Straton von Lampsakos*,[1] wonach in einer Erklärung eines Naturphänomens immer nur Bestimmungsstücke verwendet werden dürfen, die *innerhalb* der Welt vorkommen. Nicht alle griechische Naturerkenntnis erfüllt dieses Prinzip. Auch Aristoteles hat an einer Stelle seiner Kosmologie gegen dieses Prinzip verstoßen, nämlich dort, wo er den Ursprung der Bewegung mittels des teleologischen Prinzips des ersten Bewegers erklärt. Straton erkennt, daß dieses Ausgreifen auf ein transzendentes Moment methodisch falsch und logisch unnotwendig ist.

Ein zweiter Grundsatz besagt, daß eine natürliche Welterklärung eine *Form der Substanzerhaltung* voraussetzen muß. Epikur statuiert in seinem Brief an Herodotos das Prinzip, demgemäß aus dem Nichtseienden nichts entstehen kann, ebensowenig wie ein Seiendes sich nicht spurlos in ein Nichtseiendes auflösen kann.[2] Entstehen und Vergehen der Dinge gehen immer auf strukturelle Umwandlung zurück. Wenn wir diese Substanzerhaltung nicht voraussetzen, wären alle Erklärungen trivial, weil immer dann, wenn wir den Ursprung eines Phänomens nicht verstehen, wir beliebige Ex-nihilo-Entstehungsprozesse postulieren könnten. Lukrez hat später diesem Grundsatz epikureischer Naturlehre eine präzise Fassung gegeben. Nullam rem e nihilo gigni divinitus umquam.[3]

Mario Bunge hat den Grundsatz dann später *genetisches Prinzip* genannt und als Grundlage moderner Kausalerklärung bezeichnet.

Eine dritte wichtige Voraussetzung von Naturerkenntnis ist die Tatsache, daß das Universum *ein Kosmos* ist, d. h. ein geordnetes System mit einer inneren erkennbaren Gesetzesstruktur. In anderen Worten: Das Universum ist nicht einfach eine Ansammlung oder eine *Menge* von Objekten, sondern ein *System,* in dem die einzelnen Elemente eine dynamische Kopplung besitzen. Die Verbindung der Teile des Universums ist zudem grundsätzlich für den Menschen durchschaubar. Dieses Vertrauen muß man haben, wie wir später noch sehen werden, um Forschung überhaupt sinnvoll zu machen.

Es gibt noch einige weitere Grundsätze des materiellen Aufbaus der Welt aus griechischer Zeit, die sich zum Teil erstaunlich bewährt haben.

1. *Das Universum besteht wesentlich aus zwei Elementen, den Körpern und dem Raum.* Heute haben wir den Körperbegriff insofern erweitert als dazu nicht nur die ponderable Materie zählt, sondern auch die Felder, und zum Raum tritt die Zeit als gleichberechtigt hinzu. Somit besteht das Universum nach heutiger Auffassung in fast völliger Übereinstimmung mit dem antiken Atomismus aus *Raumzeit* und *Materie.* Aus neuzeitlicher Sicht kam eine weitere Erkenntnis hinzu, nämlich daß Raumzeit und Materie sich in dynamischer Wechselwirkung befinden. In griechischer Zeit war der Raum ein μη ον, ein passiver Behälter der Atome.

2. *Die Zahl der (nicht sichtbaren) Bestandteile der Materie des Kosmos ist unendlich*, weil dieser selbst weder Grenzen noch ein Zentrum noch einen Ursprung besitzt. Wenngleich Aristoteles anderer Meinung war, im Rahmen des Atomismus hat sich diese Auffassung etabliert, die nach heutiger kosmologischer Vorstellung korrekt ist.

3. Die Zahl der Gestalten, die sich aus den Elementarbausteinen bilden lassen, ist sehr groß, aber nicht unendlich. Auch diese Vorstellung ist nach heutiger Auffassung korrekt. Die Zahl der komplexen Gebilde, die sich aus Atomen formieren, ist aus Stabilitätsgründen vermutlich endlich.

4. *Die Atome befinden sich seit Ewigkeiten in Bewegung.* Aristoteles

und Epikur waren sich hierin einig, nämlich, daß das Universum keinen Anfang in der Zeit besitzt und niemals enden wird. Zumindest was die Zukunft des Universums betrifft, haben wir hier eine deutliche Übereinstimmung mit der antiken Vorstellung.

Auch erkenntnistheoretische Grundsätze sind von der griechischen Philosophie in den Bestand moderner Naturwissenschaft übergegangen. So war es den antiken Denkern klar, daß die Kontrolle unserer theoretischen Vermutungen nur durch die sinnliche Erfahrung möglich ist, daß die Wahrnehmung Prüfstein und Gerichtshof unserer Hypothese über die Welt darstellt. Selbst bezüglich des Status unserer Hypothesen haben die Griechen bereits ähnliche Auffassungen entwickelt. Unsere Bilder von der Welt sind selber Naturprodukte, das heißt, die Erkenntnis der Welt ist ein Teil der Welt selbst. Das erkenntnisproduzierende System, nämlich der menschliche Geist mit seinem Erkenntnisvermögen, hat sich etwa nach Auffassung Epikurs zusammen mit dem Sprachvermögen unter dem Zwang der Bedürfnisse aus der Natur heraus entwickelt.[4]

Diese naturalistische Sicht der Welt und der Erkenntnis ist Basis abendländischer Naturwissenschaft. Sie wurde erarbeitet von den Vorsokratikern der peripatetischen Schule und den Epikureern. Die Rezeption und Vermittlung dieser Grundsätze gestaltet sich allerdings schwierig und hat viele Umwege hinter sich. Die Tradition der griechischen Naturerkenntnis, wie wir sie eben skizziert haben, bricht in der Spätantike erst einmal ab. Wissenschaftshistoriker wie Dijksterhuis haben vermutet, daß der Neuplatonismus mit seinem betonten axiologischen Gegensatz zwischen dem Reich des Geistes und der Materie zu einer abwertenden Haltung gegenüber der Naturerkenntnis geführt hat.[5] Dieser hat Einfluß auf die Kirchenväter ausgeübt, die mißtrauisch gegenüber der heidnischen Naturwissenschaft und skeptisch gegenüber deren Erkenntnisprinzipien waren. Augustinus betont die Concubiscencia oculorum, die lasterhafte Neugierde, welche die Aufmerksamkeit des Menschen von der Sorge um das Heil der Seele abzulenken droht.[6] Ein starker Gegensatz formiert sich etwa zu Aristoteles' Auffassung, für den theoretische Naturforschung glückbringende Tätigkeit schlechthin war.[7]

2. Naturerkenntnis im Renaissance-Humanismus

Im Renaissance-Humanismus mußte erst einmal an die Überzeugung von der rationalen Autonomie des Menschen, welche in griechischer Zeit selbstverständlich war, angeschlossen werden. Die Wertigkeit und Reichweite von Naturerkenntnis wurde im Rückgriff auf die griechische »paideia« und die römische »humanitas« neu bestimmt. Die humanistischen Denker ermutigen den Menschen, seine natürliche Fähigkeit der Welterfassung hoch einzuschätzen. Die Stellung des Menschen erfährt damit eine Erhöhung, *weil* er Weltwissen erlangen kann. Erkenntnis ist nun wieder wie bei Aristoteles einer der wichtigsten Freiheitsgrade des Menschen. Die Freiheit wird zum bevorzugten Thema. Die kosmische Ordnung soll durch freie Hypothesenbildung wiedergegeben werden. Als christliches Element bleibt der Ursprung dieser Ordnung durch Schöpfung natürlich erhalten, aber die Handlungsspielräume des Menschen erweitern sich. Humanistische Denker wie Marsilio Ficino und Pico della Mirandola bezweifeln also nicht den transzendenten Ursprung aller Naturordnung, aber der Aktionsradius des Menschen gegenüber der Natur wird größer. Man ist auch nicht mehr davon überzeugt, daß diese Ordnung fest vorgegeben ist, sondern daß der Mensch sie im Prinzip auch umgestalten kann, womit eine wichtige Voraussetzung für die technische Anwendung von Naturwissenschaft gegeben wurde. Es regiert im Renaissance-Humanismus die Metapher des Bildhauers. Dieser ist frei, aus einem Marmorblock eine Statue seiner Wahl zu formen.

Auch das Schicksal des Menschen ist das Resultat seiner individuellen Entscheidungen. Er bestimmt seine Rolle in der Wertordnung des Seins. Die Offenheit des menschlichen Geschicks und die Abhängigkeit von den Taten des Individuums kommen auch in der Kritik Picos an der Astrologie zum Ausdruck. Seit der Stoa hat der astrologische Fatalismus weite Kreise der intellektuellen Bevölkerung erfaßt. Selbst Ficino versucht noch einen Gesamtaufbau der Medizin auf astrologischer Basis zu liefern. Nach Ficino kann der Mensch nur innerhalb des Spielraums, den ihm das Gestirn übrigläßt, sein Leben gestalten. Dagegen wendet sich zum Beispiel Pico in seinen Disputationes adversus astrologiam.[8] Seine Argumente sind wieder typisch naturalistischer Art. Die astrologische Determination ist unmöglich, weil sie auf nichtexistenten okkulten Qualitäten der Sterne beruht. Nach Pico gibt es keine »Sympathieverhältnisse« von Sternen und Menschen. Die Sterne liefern Wärme und Licht, und alles andere ist empirisch unkontrollierbar. Es gibt nur zwei Verbindungen zwischen Sternen und Erde: die physikalische Dynamik und den stofflichen Energiefluß. Damit rekurriert Pico bereits auf einen Kausalbegriff, den Kepler dann bei seinem Versuch der Erklärung der Himmelskinematik anwendet und den Newton dann zur Grundlage seiner Gravitationsdynamik macht. Aus dieser Sicht beinhaltet die Kausalität einen Transfer eines materiellen Elements vom Ursache- zum Wirkungsereignis. Durch die Kausalrelation ist die Natur damit innerlich auf stoffliche Weise verbunden. Geistige Fernwirkungen ohne materielle Basis sind damit ausgeschlossen. Für die Übertragungsgröße, die, wie man später erkannte, aus Masseenergie, Impuls, Drehimpuls bestehen kann, gilt ein Erhaltungssatz nach dem früher genannten genetischen Prinzip von Lukrez.

Picos »Entzauberung« der Sterne hatte noch eine Konsequenz. Indem sie ihrer spirituellen Dimension entkleidet wurden, gehörten sie auf einmal ausschließlich zur Domäne der Astrophysik. Der Aufbau der Sterne kann jetzt allein den Physikern überantwortet werden. Andererseits wird die Ethik von ihrer stellaren Kopplung befreit. Sie ist allein Sache des Menschen.

Naturalismus und Individualismus verbinden sich im Humanismus und liefern die Basis für die kommende klassische Naturwissenschaft. Auch der Erkenntnisprozeß wird wieder als natürlicher Vorgang gesehen. Bernardino Telesio (1587) betont, daß Erkenntnis als sinnliche Berührung des Objektes durch das erfahrende Subjekt zu deuten ist. Der Tastsinn wird nun das Vorbild aller Wahrnehmungserkenntnis. Das Denken kann nur die von außen eindringenden Sinnesempfindungen ordnen. Der Intellekt ist ein mittelbarer Sinn, kein autonomes Erkenntnisprinzip.[9] Damit geht Telesio sogar über Descartes und Kant hinaus, die immer noch mit der Frage gerungen haben, ob es eine reine Naturwissenschaft geben kann. Kants Insistieren auf synthetischen Urteilen apriori ist der letzte Rest dieses metaphysischen Rationalismus.

Wie Ernst Cassirer in seiner tiefgehenden Analyse gezeigt hat, war die Durchsetzung einer naturalistischen Weltauffassung als Basis moderner Naturerkenntnis ein schwieriger Prozeß. Bis es klar wurde, daß Beobachtung und Experiment alleinige Kontrollinstanzen physikalischer Theorien seien, mußten viele magische und mystische Elemente in der naturwissenschaftlichen Methodik überwunden werden. Bei Tomaso Campanella wird Sinneserfahrung noch einmal mit okkulter Sympathie und Teilhabe an der Natur vermischt.[10] Der eigentliche Durchbruch erfolgt dann bei Leonardo da Vinci. Er distanziert sich von den »Schwarmgeistern« und spricht sich auch für den Einsatz von Mathematik in den Wissenschaften aus. Leonardo sieht das Verhältnis von Sinneserfahrung und mathematischer Beschreibung ganz modern. Es ist von der Art einer Symbiose. Cassirer hat das so ausgedrückt: »Denn es gibt nach Leonardo keine wahrhafte Erfahrung ohne Analyse der Erscheinungen und es gibt kein anderes Mittel, diese Analyse durchzuführen, als das der mathematischen Demonstration«.[11] Damit ist die Mathematisierung als Kern klassischer und moderner Naturwissenschaft ausgesprochen.

Bei Leonardo findet sich auch bereits ein definitiver Begriff des Naturgesetzes, und er fordert es als Desiderat aller Erkenntnis, daß alle Phänomene mit Notwendigkeit diesen Regeln unterworfen sind. Das Postulat der Gesetzesartigkeit ist bis heute eine Stütze der naturwissenschaftlichen Forschung. Wenn man nicht annimmt, daß jedes noch so erratische neue Phänomen, ein Quasar, ein Neutronenstern, ein Schwarzes Loch, *irgendeinem* Gesetz folgt, ist ein Erkenntnisfortschritt nicht möglich.

Dem Humanismus verdanken wir auch die Überzeugung, daß wir *den Menschen nur verstehen können, wenn wir ihn als Teil der Natur auffassen.* Die mittelalterliche, auf die Axiologie des Neuplatonismus zurückgehende Stufenlehre von Körper, Seele und Geist wird damit überwunden. Die konsistente Einbettung des Menschen und seiner geistigen Funktionen in den gesamten Naturablauf war die notwendige Voraussetzung für biologische und neurologische

Entwicklungstheorien, in denen der Mensch kausal an den Natur-prozeß angeschlossen wurde. Anders formuliert: Wenn man davon überzeugt ist, daß die Schlüsseleigenschaften des Menschen von der Naturkausalität ausgenommen sind, kann man keine wissenschaftliche Anthropologie konzipieren. Von Darwins Evo-lutionsbiologie bis zu Edward Wilsons Soziobiologie wird die Voraussetzung gebraucht, daß der menschliche Geist nicht eine extrasomatische Qualität ist, die von der Evolution unberührt bleibt. Damit ist die Überzeugung ausgesprochen, daß der *mensch-liche Geist eine Strukturqualität des Gehirns ist*. Dieses ist über die Stammesgeschichte an den allgemeinen Naturprozeß angeschlos-sen.

3. Neuzeitliche Naturerkenntnis

Im 16. Jahrhundert entdeckte man noch ein zentrales Element der Naturordnung; nämlich *die korrekte räumliche und zeitliche Ordnung der Dinge und Prozesse.* In dieser Epoche eröffnete sich die tempo-rale Tiefendimension der Geschichte; man bemühte sich zum Bei-spiel, die authentischen Lehrmeinungen der antiken Philosophen zu rekonstruieren. Dies war das Analogon zur Perspektive, welche in der Renaissance-Malerei zum ersten Mal die räumliche Tiefe in der Anordnung der Dinge wiedergab. Damit war es nun möglich, den raumzeitlichen Aufbau der Welt im Sinne eines wahrheits-getreuen Modells zu erfassen. Und noch etwas wurde damals klar: Die Erscheinungen der Dinge wandeln sich, wenn wir sie aus verschiedener Perspektive betrachten. Durch die Variation des Beobachterstandpunktes werden wir der Relativität der Erschei-nungsform der Gegenstände gewahr. Daraus kann man eine er-kenntnistheoretische Moral abstrahieren: Die Realität ist nie allein durch *eine* Sichtweise gegeben, sondern dadurch, daß die *verschie-denen* Projektionen im theoretischen Modell zusammengesetzt werden. In moderner erkenntnistheoretischer Sprache bedeutet dies, Realitätserkenntnis ist invariantentheoretische Konstruktion. Die Relativität der Erscheinung der Dinge ist auch bei der Be-schreibung von Bewegung gegeben. Bereits Vergil drückt in seiner

Aeneis eine bekannte Täuschung aus: Provehimur portu, terraeque urbesque recedunt. Ein Schiff gleitet aus dem Hafen, und wir glauben, das Land weiche zurück. Daraus wird deutlich, daß wir offenbar gleichförmige Translationen im Raum gar nicht wahrnehmen können. Nikolaus von Kues hat darauf hingewiesen, daß Orts- und Richtungsangaben eines Bezugspunktes bedürfen. Auch Bewegungen müssen einen Bezug auf ein bestimmtes System besitzen, wo sich zumindest im Prinzip ein Beobachter aufhalten kann. Die Relativität des Ortes und der Richtungen zerstörte das Bild der aristotelischen Welt mit ihrem absoluten Mittelpunkt und den ausgezeichneten Richtungen zum natürlichen Ort. Als Invarianzprinzip formuliert, bedeutet diese Relativität, daß Naturgesetze nicht von einer Ortsverschiebung oder einer Drehung der Körper abhängen können, und die Relativität der Bewegung besagt, daß die Form der Naturgesetze nicht von einer gleichförmigen Translation betroffen werden kann. Translations- und Rotationsinvarianz der Naturgesetze sowie das Galileische Relativitätsprinzip der Bewegung werden dann konstitutive Elemente der klassischen Physik. Das letzte absolute Element aus der klassischen Physik, die Eindeutigkeit der Zeit, wurde 1905 in der speziellen Relativitätstheorie aufgehoben, als Einstein die Galilei-Gruppe der klassischen Mechanik durch die Lorenz-Gruppe der relativistischen Mechanik ersetzt.

Der historisch bedeutsamste Fall der Variation des Bezugsystems ist Kopernikus' Planetenmodell. Darin wird das Sonnensystem nun von einem neuen Bezugspunkt aus betrachtet, vom leuchtenden Zentrum der Planetenbahnen. Mit dem heliozentrischen Bezugssystem wird nun auf einmal der Realitätsbezug und die raumzeitliche Ordnung der Planeten verstehbar. Es ist möglich, die Tiefendimension und die wahren Planetenabstände zu rekonstruieren. Der korrekte räumliche Aufbau erlaubt nun auch, neue systematische Fragen zu stellen, zum Beispiel nach dem Ursprung und der Stabilität des Sonnensystems. Nur bei einem räumlich geordneten, dynamisch gekoppelten System von Einzelkörpern kann man fragen, wie alt es ist, welche Störungen es aus dem Gleichgewicht bringen könnten und wann diese Struktur zerfällt. Diese Fragen konnten dann Kant, Lambert, Herschel, Laplace auf der Basis von Newtons Himmelsmechanik stellen, aber nur, weil vorher die raumzeitliche Ordnung dieses Gebildes verstanden worden war.

Wenn wir eine Schlüsseleigenschaft herausgreifen wollen, die mittelalterliches und neuzeitliches Weltbild trennt, so drängt sich der Gegensatz von *Statik* und *Dynamik* auf. Selbst für Marsilio Ficinos Beschreibung des Universums ist die statische mittelalterliche Hierarchie noch typisch: an der Spitze Gott, darunter in der Rangordnung die Engel über den himmlischen und auch über den irdischen Sphären, darunter die Tiere, dann die Pflanzen, die Mineralien bis zur qualitätslosen ersten Materie auf der untersten Stufe. Ficino spricht zwar von Kräften, die die Vielfalt der komplexen Welt zusammen halten, hat aber keine Vorstellung von der Natur dieser Agentien, vermischt mentale und physische Wirkungen. Erst Newton löst die unklare heuristische Vorstellung auf und etabliert die dynamische Ordnung des Universums: *eine Kraft,* nämlich die universelle Gravitation, eint alles Existierende und ist die Ursache der kosmischen Ordnung. Aus der quantitativen Ausarbeitung, welche durch die Mathematisierung möglich war, wurde klar, daß die Gravitation unendliche Reichweite besitzt, daß sie unabschirmbar ist, eben weil es nur positive Gravitationsladungen gibt, und daß deshalb alle Objekte im Universum von der Schwerkraft erfaßt werden. Newton selber konnte das kosmologische Problem noch nicht endgültig lösen, weil in seiner Theorie bei globaler Anwendung Paradoxa auftauchen. Mit Einsteins Gravitationstheorie läßt sich aber eine konsistente Formulierung der großräumigen Raum-Zeit-Struktur und Materieanordnung geben, derart, daß die Astrophysiker danach darangehen konnten, eine empirische Entscheidung unter den Modellen zu treffen.

Wenn die Welt im großen offenbar durch eine *Kraft* beherrscht wird, so muß man zum Verständnis der komplexen Subsysteme das Zusammenwirken mehrerer in ihrer Stärke fein abgestimmter Kräfte annehmen. Kant hat diese Idee zum ersten Mal in seiner allgemeinen Naturgeschichte und Theorie des Himmels demonstriert, wo er den Ursprung des Planetensystems aus dem Zusammenwirken von Attraktion und Repulsion vorführt. Damit ist auch zum ersten Mal der Gedanke der Selbstorganisation gegeben, die Kant später in seiner Kritik der Urteilskraft auch noch explizit gemacht hat.[12] Die Idee des selbständigen gesetzesartigen Wachstums komplexer Systeme, die autonome Emergenz struktualer und funktionaler Ordnung muß als eine der bedeutendsten Errungenschaften abendländischer Naturwissenschaft angesehen werden. Sie hat sich nur langsam und gegen viele Zweifel und skeptische Überlegungen durchgesetzt. Newton selbst meinte noch, daß seine Gravitationstheorie nicht auf den Ursprung des gesamten Sonnensystems angewendet werden könne: »This most beautiful system of the sun, planets and comets could only proceed from the counsel and dominion of an intelligent and powerful Being.«[13] Newton war nicht einmal von der Langzeitstabilität des Sonnensystems überzeugt. Ohne den regelmäßigen externen Eingriff, so meint er, würden sich Resonanzen unter den Bewegungen der Himmelskörper so aufschaukeln, daß das gesamte System irgendwann in der Zukunft zerstört würde.

Bei der Stabilitätsdiskussion hat sich in der Folge die Frage nach der kausalen Geschlossenheit des Universums schlechthin entzündet. Von jener berühmten Unterhaltung zwischen Laplace und Napoleon bis zur jüngsten Debatte um die sogenannten vollständigen kosmologischen Theorien, die ohne Singularitäten und Randbedingungen auskommen möchten, zerbrach man sich den Kopf, ob die Natur in ihrem gesamten Verlauf ohne Rest verstanden werden könne. In schwierigen Teilfragen wurden allerdings permanent Fortschritte erzielt. Laplace hatte 1799 gezeigt, daß die große Anomalie von Jupiter und Saturn periodisch ist, das heißt, daß von daher keine Katastrophe für das Sonnensystem zu befürchten ist. Aber dieses Resultat ist nicht einfach generalisierbar, wie man an neuesten Untersuchungen sieht. Jacques Laskar hat 1989 die Langzeitstabilität der inneren Planeten durch Computersimulationen über 200 Millionen Jahre durchgerechnet und eine hohe Sensibilität der Dynamik des Systems der vier inneren Planeten für winzige Variationen der Anfangsbedingungen festgestellt. Jack Wisdom und Gerald Süssman haben die Bewegung aller Körper des Sonnensystems über 100 Millionen Jahre verfolgt und festgestellt, daß schon nach 4 Millionen Jahren im Sonnensystem Chaos eintreten würde, wenn Pluto nur im Millimeterbereich verschoben würde. Damit scheint die Stabilität des Sonnensystems über sehr lange Zeiträume nicht gesichert. *Der Zufall* spielt auf der Ebene der Planetendynamik offenbar eine entscheidende Rolle, wobei Zufall hier nur im Sinne der Ungültigkeit des starken Kausalprinzipes gemeint ist, wonach ähnliche Ursachen auch immer ähnliche Wirkungen besitzen.

Heute ist es klar, daß auch die Welt im großen nicht vollständig berechenbar ist. Auch ein Laplacescher Dämon wäre nicht in der Lage gewesen, aus den Anfangsbedingungen der Welt etwas über die zukünftige Zustandsentwicklung herauszulesen. Hier haben wir ein neuartiges kontingentes Element der Welt vor uns, das meines Wissens in außereuropäischen Weltbildern nicht figuriert. In den frühen Mythen über Kosmogonie, in denen Göttergenerationen in vielen Kämpfen die Ordnung der Welt gestalten, wird immer von dem starken Kausalprinzip Gebrauch gemacht. Wenn aber nur das schwache Kausalprinzip gilt, wonach nur wirklich gleiche Ursachen gleiche Wirkungen hervorrufen, dann können selbst die Götter nicht genau wissen, welche Welten letztendlich aus ihren kosmogonischen Bemühungen herauskommen. Dies ist ein Gedanke, der der Urintuition der Weltbildkonstruktion zuwiderläuft, nämlich zu verstehen, warum diese Welt so und nicht anders ist. Wenn der Zufall im Sinne der Ungültigkeit des starken Kausalprinzips auf der ontologischen Ebene angesiedelt ist, ist genau diese Frage nicht zu beantworten.

Zu den entscheidenden Errungenschaften neuzeitlicher europäischer Naturwissenschaft zählt der Nachweis, *daß mit wenigen Ausnahmen alle realen Systeme der Geschichtlichkeit unterworfen sind, und zwar der irreversiblen einsinnigen Zeitentwicklung.*

Hier hebt sich neuzeitliches europäisches Denken von den zeitlosen oder in zyklischen Zeitvorstellungen lebenden Naturvölkern ab. Evolution vollzieht sich in der unumkehrbar ablaufenden Zeit. In dieser hat sich strukturale und funktionale Ordnung etabliert. Im Staunen über den hohen Grad von Symmetrie der Natur hat sich zuerst der Gedanke an eine planende Hand im Naturgeschehen aufgedrängt. William Paley hat noch 1811 ein umfassendes

System einer anthropozentrischen Teleologie ausgearbeitet, in dem die Natur als eine Uhr angesehen wird, deren Bauplan und Ganggenauigkeit auf eine intelligente und gezielte Konstruktion hinweisen.[14] Aber schon wenige Jahre vorher, 1799, hatte David Hume gezeigt, daß das Uhrenargument auf einem klaren Paralogismus beruht. Die Zweckverfassung der Natur, wie sie Paley aus den geordneten Phänomenen herauslesen wollte, beruht auf einem Analogieschluß.[15]

Daraus, daß *einige* von Menschen geschaffene hochgeordnete Systeme Ähnlichkeiten mit naturwüchsigen Systemen aufweisen, folgt nicht, daß *alle* komplexen Gebilde mit funktionaler Ordnung auf analoge Weise zustande gekommen sind. Hume wies auch darauf hin, daß man den Ordnungszerfall korrekterweise in die Argumentation miteinbeziehen müßte. Wenn Ordnungsaufbau auf intelligente Planung weist, muß Ordnungszerstörung mit gezielter Destruktion verbunden werden, sonst landet man in einer unbegründet subjektiven einseitigen Wertung des konstruktiven Momentes der Natur. Die Idee der *globalen Teleologie* – sicher aufgrund Humes Kritik – ist ab Mitte des 19. Jahrhunderts aus dem wissenschaftlichen Theorienbestand verschwunden. Hume hatte allerdings selber noch keine Idee, wie denn nun durch natürliche Entwicklung Ordnung entstehen könnte. Er dachte an kombinatorische Zufallsprozesse. Wenn das Universum räumlich endlich ist, außerdem unendlich viel Zeit zur Verfügung steht und alle Agglomerationen von Teilchen irgendwann vorkommen, dann herrschen sicher die meiste Zeit ungeordnete Zustände vor, die weder Leben, Bewußtsein noch Intelligenz repräsentieren. Dann und wann treten aber geordnete Konfigurationen auf, und einige von ihnen nennen wir eben intelligentes Leben. Die Seltenheit dieser geordneten Zustände enthält einen *versteckten Selektionseffekt:* Wir wundern uns enorm, wieso gleichzeitig mit uns soviel Ordnung im Universum vorhanden ist; dies spiegelt aber nur die logisch triviale Tatsache, daß mit den vielen übrigen Permutationen von Materie kein Leben verbunden ist. Humes Selbstorganisationsidee ist aufgrund des begrenzten Alters des Universums, wie wir heute wissen, nicht umsetzbar. Es sind zusätzliche Mechanismen notwendig, um in den wenigen Milliarden Jahren, die zur Verfügung stehen, das gesamte Komplexitätswachstum von den Galaxien-Gruppen bis zur Neuronenverschaltung unseres Gehirns unterzubringen.

4. Moderne Naturerkenntnis

Die Entwicklungsidee und die unumkehrbare Zeitabhängigkeit auf allen Realitätsebenen ist zweifellos konstitutiv für das naturwissenschaftliche Denken, wie es sich im Verlaufe des 19. Jahrhunderts etablierte. Geologie, Biologie, Glaziologie zeigen den typischen Wandel von statischen zu zeitabhängigen Modellbildungen. Der älteste Prototyp einer autonom sich bildenden Struktur ist sicherlich Adam Smiths Lehre[16] von der *unsichtbaren Hand,* die ohne das Wissen der handelnden Subjekte als verborgener Mechanismus die komplexe Wirtschaftsstruktur erzeugt. Auch in der Geologie formierten sich ähnliche Ideen. Gebirge entstehen, wenn die orogenetischen Kräfte Hebungen bewirken und wenn Plattenbewegungen laterale Verschiebungen von Landmassen zur Folge haben. Gerade in der Geologie können wir sehr schön verfolgen, wie sich die älteren »fixistischen« Modellvorstellungen durch die von Kurt Wegener vorgeschlagene Kontinentalverschiebungstheorie in Richtung auf die heute allgemein akzeptierte Plattentektonik entwickelten. Die Biologie beherbergt das bekannte Entwicklungsmodell: Artenvielfalt kommt zustande, wenn variable Selektionsbedingungen verschiedene genetische Typen aus dem Genpool begünstigen. Auch die Linguistik hat die Entwicklungsidee übernommen. Sprache bildet sich, wenn Kommunikation, Informationsaustausch und Kooperation im Gruppenverband bei gemeinsamer Jagd, Beuteverteilung, Schlichtung von Streitigkeiten, Dämpfung von Aggressionen hohe Überlebensvorteile bieten und die differentielle Reproduktion fördern. Es sei noch einmal daran erinnert, daß eine natürliche Sprachentstehungstheorie bereits von Epikur vorgeschlagen worden ist, und zwar in seinem schon erwähnten Brief an Herodotos.
Zu den überraschendsten Resultaten der modernen Naturwissenschaft – die selbst die kreativen Forscher, die mit der Theorienkon-

struktion befaßt waren, erstaunte – gehört die *Geschichtlichkeit des Universums* selbst.[17] Nichts spiegelt die Situation besser, als daß Einstein, als er 1917 die erste kosmologische Lösung seiner Feldgleichung entdeckte, ein statisches Weltmodell vorschlug, das, räumlich geschlossen, aber zeitlich in beiden Richtungen offen, eine ewige unveränderliche statische Welt beschrieb, in der global keine Veränderungen bezüglich der Raum-Zeit-Struktur oder Materieverteilung abliefen. Als Alexander Friedmann 1922 ein zeitabhängiges Weltmodell vorschlug, in dem Druck, Dichte und Raumkrümmung sich mit der kosmischen Zeit ändern, meinte Einstein einen Fehler in Friedmanns Ableitungen gefunden zu haben. Er zweifelte an der Konsistenz der dynamischen Modellklasse. Einsteins Irrtum löste sich schnell auf, und es wurde klar, daß die Dynamik ein innerer Zug des Kosmos sei. 1930 zeigte Eddington sogar, daß Einsteins eigenes statisches Zylindermodell von 1917 instabil gegenüber kleinen Störungen ist.

Daraus folgt Bedeutsames: Ein von Einsteins Gravitationsgleichungen beherrschtes Universum muß *notwendig* dynamisch sein. Ein solches dynamisches Universum liefert im Laufe der Entwicklung ein begrenztes kosmisches Intervall, das günstig ist für die Entstehung, Aufrechterhaltung und Entwicklung von Leben. Intelligentes Leben ist also, kosmisch gesehen, ein kurzes Durchgangsstadium, das von leblosen Epochen des Universums begrenzt wird. Zur Frühzeit ist das Universum zu heiß, um die Stabilität komplexer Strukturen als Lebens- und Intelligenzträger zu gestalten. Zur Spätzeit sind die Energiequellen zur Aufrechterhaltung der thermodynamischen Ungleichgewichtsituation versiegt. Bei ca. $t = 10^{14}$ Jahre ist auch der letzte massearme langlebige Stern ausgebrannt. Danach ist heute bekanntes, auf Kohlenstoff, Wasserstoff, Sauerstoff und Stickstoff basierendes Leben nicht mehr möglich. Das Universum ist dann wieder zu seinem früheren, rein materiellen, ungeistigen Zustand zurückgekehrt und bleibt in diesem Zustand, selbst wenn das Universum noch bis $t = \infty$ weiter expandiert.

Diese kosmisch einsinnige Entwicklung hat man auch für die Erklärung eines fundamentalen, aber immer noch rätselhaften Zuges unserer Welt eingesetzt, *den Pfeil der Zeit,* die Richtung der Prozesse. Daß die Zeit anders als der Raum eine innere Anisotropie besitzt, prägt sich existentiell in unserem Leben aus, durchlaufen wir doch eine begrenzte Lebensspanne, ohne je zum Zustand unserer Kindheit zurückkehren zu können. In allen Gegenstandsbereichen finden wir regionale Asymmetrien der Prozesse. Es gibt keine Erinnerungen an die Zukunft. Die Evolution läuft vom Einzeller zum Säugetier. In abgeschlossenen Systemen zerfällt Ordnung spontan, ohne sich je wieder zu restituieren. In elektromagnetischen Systemen gelangen nur retardierte Wirkungen zur Anwendung. Es gibt keine einlaufenden Wirkungen aus der Zukunft in die Vergangenheit.

Die Vermutung ging nun dahin, daß die Expansion des Universums die steuernde Größe ist, die über lange kausale Ketten die lokalen Zeitpfeile verursacht. Die Tatsache, daß der expandierende Raum eine unerschöpfliche Senke für Energie darstellt, ist aus dieser Perspektive die Ursache für den Entropiesatz. Dieser zweite Hauptsatz der Thermodynamik bewirkt den Zerfall von Ordnung in permanent abgeschlossenen Systemen. Deshalb kann das Universum nur temporär Komplexitätswachstum in offenen Systemen, die weit vom thermodynamischen Gleichgewicht entfernt sind, betreiben. Auf lange Sicht ist der globale Zerfall unausweichlich. Diese Einsicht in den letzten Grund der innerlich zeitlichen Asymmetrie der Raum-Zeit-Mannigfaltigkeit des Universums stellt sicher für viele metaphysische Vorstellungen eine enttäuschende »Entzauberung« (Max Weber) dar, da letzten Endes auch der Tod des Menschen seine Erklärung darin findet, daß dieser ein thermodynamisches System ist, das an der Gesetzlichkeit seiner einbettenden Natur teilhat.

Entmythologisierung, Entzauberung, nüchterner Reduktionismus sind zweifelsohne Charakteristika naturwissenschaftlicher Welterklärung. Was für viele Menschen heute die Naturwissenschaft bedrohlich macht, ist diese Kombination aus sachlicher und unromantischer Reduktion emotionsbeladener Phänomene auf einfache materiell-stoffliche Zusammenhänge und dem meist unausgesprochenen *Szientismus*, der ausdrückt, daß die Wissenschaft letztlich für *alle* Probleme zuständig ist.

Ein Beispiel für einen eindrucksvollen reduktionistischen Ansatz in der Naturwissenschaft ist die Erklärung von Gefühlen durch neuropharmokologische und psychobiologische Modelle. Das Wissen über die chemischen neuroaktiven Substanzen ist stark angewachsen. Daraus ergibt sich, daß die Handlungsspielräume und die Spannweite der Gefühle offenbar durch aktuale Hormonkonzentrationen abgegrenzt werden. Chemische Botenstoffe, Neurotransmitter wie Dopamin und Noradrenalin bestimmen durch ihre Konzentrationen die Erlebnisdispositionen. Ein Defizit im Serotoninspiegel erzeugt depressive Zustände, und daraus resultiert ein deviantes Sozialverhalten. Biochemiker bemühen sich um die Isolierung der Pheromone, chemischer Lockstoffe, die Anziehung und Ankopplung im zwischenmenschlichen Bereich bewirken. Untersuchungen über die »Chemie der Liebe«[18] haben zu erregten Debatten geführt, ob die »höheren Funktionen menschlicher Zuneigung« wirklich auf biochemische Reaktionen zurückgeführt werden können.

Als zweites Moment neben dem Reduktionismus hatten wir die szientistische Position erwähnt, wonach letztlich alle überhaupt stellbaren sinnvollen Fragen in irgendeinen Zweig der Wissenschaft fallen. Seit Emil du Bois-Reymond 1872 versucht hat, eine Liste von wissenschaftlich unlösbaren Fragen aufzustellen,[19] ist die Frage um die Reichweite und Kompetenz der Wissenschaft virulent geblieben. Logisch läßt es sich nicht ausschließen, daß es absolute Ignorabimus-Fälle gibt, aber die Wissenschaftsgeschichte weist in keiner Weise darauf hin. Das klassische Beispiel hat hier Auguste Comte mit einer Voraussage geliefert. Er meint im Jahre 1830, daß der chemische Aufbau der Sterne absolut unzugänglich sei und niemals erkannt werden würde. 1859 haben Kirchhoff und Bunsen durch ihre Spektralanalyse den Nachweis geführt, daß das Licht alle Information über die Chemie der Sterne bereits enthält. Comte unterschätzte also das Licht als Informationsträger. Natürlich muß man dies auf theoretischem Wege erst einmal verstehen. Die Lehre daraus ist einfach. Es hängt von der Erklärungsleistung des theoretischen Modells ab, ob und wie man empirisch unzugängliche Bereiche erkennt. Wenn man die Zentraltemperatur der Sonne erschließen will, braucht man die Kernphysik und ein akzeptables Kernmodell. An die Masse des Universums kann man im Prinzip auch durch die Messung der Neutrinomasse auf der Erde kommen. Dazu bedarf es aber einer theoretischen Verbindung, und die liefert die allgemeine Relativitätstheorie.[20]

David Hilbert formulierte 1930 die Universalität der Wissenschaft in einem berühmten Postulat: »Der wahre Grund, warum es Comte nicht gelang, ein unlösbares Problem zu finden, besteht meiner Meinung nach darin, daß es ein unlösbares Problem überhaupt nicht gibt. Statt des törichten Ignorabimus heiße im Gegenteil unsere Losung: ›Wir müssen wissen und wir werden wissen‹«.[21] Damit meinte Hilbert nicht, daß wir in einem endlichen Intervall in der Zukunft *alle* fundamentalen Fragen beantwortet haben werden, sondern daß sich für *jede* neu auftauchende Frage auch eine Antwort einstellen wird. Da jedes gelöste Problem neue Fragen generiert, operiert die Wissenschaft immer in einem *offenen Fragehorizont*. Es ist und bleibt eine fruchtbare philosophische Hypothese, anzunehmen, daß auch die neue Frage, die in diesem Horizont auftaucht, von der Wissenschaft kompetent behandelbar ist. Die Lösbarkeitshypothese liefert somit eine progressive Heuristik, einen Motor für den wissenschaftlichen Fortschritt. Du Bois-Reymonds voreiliger Skeptizismus hingegen lähmt die Theorienkonstruktion. Wenn man schon davon überzeugt ist, daß man einen Ignorabimus-Fall vor sich hat, geht man gar nicht daran, ein Modell zu konstruieren. Zudem ist später klar geworden, daß Du Bois-Reymonds Unmöglichkeitsbehauptungen alle relativ zum theoretischen Wissen von 1872 zu sehen sind. Der Atomismus und Mechanismus dieses Zeitalters haben ihn zu diesen voreiligen Voraussagen gebracht. Nun ist aber der zukünftige Einfallsreichtum der Theoretiker völlig unvorhersehbar. Es kam, wie es kommen mußte: Quantenmechanik und Relativitätstheorie haben die Situation der klassischen Physik von 1872 grundsätzlich umgewälzt.

Heute träumen viele theoretische Physiker von einer großen Vereinheitlichung aller Wechselwirkungen. Das Streben nach einer sogenannten TOE ist faszinierend und sinnvoll. Es würde aber keineswegs das Ende der theoretischen Physik bedeuten, wenn es gelänge, eine solche Theorie von allem zu finden. Auch die TOE wäre immer der Widerlegung ausgesetzt. Aus rein logischen Gründen kann keine Theorie ihre eigene Endgültigkeit selber etablieren. Die Offenheit der Wissenschaft wird deshalb auch in Zukunft immer bestehen bleiben.

5. Zusammenfassung

Europas geistiger Sonderweg ist in den Naturwissenschaften besonders ausgeprägt. Die Basis ist von den antiken griechischen Philosophien und Wissenschaftlern gelegt worden. Diese haben erarbeitet, daß das Naturgeschehen einen ontologisch autonomen Status besitzt und sich unabhängig von Menschen und von spirituellen Mächten formiert. Die griechische Naturwissenschaft hat gefunden, daß die Naturprozesse eine erkennbare, objektivierbare innere Gesetzesstruktur besitzen, die mit Theorie und Erfahrung erfaßbar ist. Die Griechen haben auch statuiert, daß zur Naturerkenntnis nur innere Prozesse der Welt gebraucht werden, daß das Universum kausal geschlossen ist und aus sich heraus verstehbar. Den Griechen war auch klar, daß man die Vielheit der Erscheinungen auf die Wechselwirkung endlich vieler Basiselemente zurückführen kann, die unter der Wirkung von Kräften eine Vielfalt von Formen annehmen können.

In der Neuzeit formierte sich vor allem die Überzeugung vom Fortschritt der Wissenschaft. Leonardo, Francis Bacon und Galilei machten klar, daß Naturwissenschaft unbegrenzt weiterschreiten wird. Aus der Philosophie der Naturwissenschaft wurde klar, daß diese Wissenschaft niemals abgeschlossen sein wird und daß es niemals vollständige Erklärungen aller Phänomene der Welt geben kann. Wenn der Fragehorizont stets offenbleiben wird, werden unsere Nachfahren auch niemals Langeweile verspüren. Das, meine ich, ist eine hervorragende Perspektive.

Anmerkungen

1 Vgl. dazu *M. Gatzemeier*: Die Naturphilosophie des Straton von Lampsakos. Meisenheim: Anton Hain, 1970, S. 111.

2 *Diogenes:* Laërtius. Leben und Meinungen berühmter Philosophen. X,35.

3 *Lukretius Carus:* De rerum natura I, 150.

4 *Epicurea* (ed.) H. Usener fragm. 335, Leipzig 1887.

5 *E. J. Dijksterhuis:* Die Mechanisierung des Weltbildes. Übers. v. H. Habicht. Berlin 1956, S. 104.

6 Vgl. auch *Augustinus:* Soliloquien 7,1.

7 *Aristoteles:* Nikomachische Ethik 1177 A 2.

8 *G. Pico della Mirandola:* Disputationes adversus astrologiam. Opera Omnia I. Hildesheim 1969, S. 44.

9 *B. Telesio:* De rerum natura juxta propia principia. Neapel 1587. Lib. VIII,3.

10 *T. Campanella:* De sensu rerum et magia. Ed. Tobias Adami. Frankfurt 1620.

11 *E. Cassirer:* Individuum und Kosmos in der Philosophie der Renaissance. Darmstadt: WBG, 1963, S. 123.

12 *I. Kant:* Kritik der Urteilskraft § 80, § 64.

13 *I. Newton:* Mathematical principles of natural philosophy »General Scholium«, zit. nach M. K. Mumitz (ed.): Theories of the Universe. New York 1957, S. 208.

14 *W. Paley:* Natural Theology or Evidences of the Existence and Attributes of the Deity. London 1811, S. 1.

15 *D. Hume:* Dialogues Concerning Natural Religion. Ed. N. Kemp-Smith. New York: Bobbs-Merryl 1947, S. 148.

16 *A. Smith:* The Wealth of Nations. London 1975. Vol. I, S. 400.

17 Vgl. dazu *B. Kanitscheider:* Kosmologie. 2. Auflage. Stuttgart: Reclam, 1991.

18 *J. D. Vincent:* Biologie des Begehrens. Hamburg 1990.

19 *E. Du Bois-Reymond:* Über die Grenzen des Naturerkennens. In: Vorträge über Philosophie und Gesellschaft. Hamburg: Meiner, 1974.

20 Für Details vgl. *Bernulf Kanitscheider:* Kosmologie. Stuttgart: Reclam 2. Auflage, S. 270.

21 *D. Hilbert:* Naturerkennen und Logik. In: Die Naturwissenschaften *18* (1930), S. 959–963.

Doktor Faust: Paradigma des europäischen Menschen?

RALPH-RAINER WUTHENOW

1. Was ist europäisch?

Wir wissen ungefähr, wie Europa, vom Osten her angeschaut das Abendland, sich auf der Basis der griechischen Antike und des römischen Imperiums als christliche Einheit mehrerer Nationen unterschiedlicher Eigenart und Sprache herausbildet; wir wissen auch, daß diese Einheit durch die Reformation in Frage gestellt wird, daß Renaissance und Aufklärung dieses Europa entscheidend prägen, daß das Erbe der Antike in Philosophie, Literatur und bildender Kunst über Jahrhunderte hinweg verbindlich oder doch produktiv bleibt, bis die moderne naturwissenschaftliche, dann technische Entwicklung diese Überlieferung zu verdrängen beginnt. Mit zunehmender Entchristlichung wird ein weiteres wesentliches Element der Überlieferung an den Rand gedrängt: Geschichtsloses Fortschrittsdenken, ungehemmte Weltbemächtigung und Produktion künstlicher Welten drohen dahin zu führen, daß sich der Europäer bald schon in seiner eigenen Vergangenheit nicht mehr wiedererkennt. Geschichtlos und gesichtlos steht er sich dann als fremd gegenüber.

Es ist, als ob hinter einem immer reißender werdenden Fortschritt, der seine Produkte bereits nach Generationen auflistet, der Boden des Vergangenen, der bislang noch ein virtueller, Halt verheißender war, zu bröckeln begonnen hat. Wir können immer mehr vom Gewesenen wissen, aber die wachsende Fülle der Fakten fügt sich zu keinem verbindlichen, Erkenntnis gewährenden Bild.

Gibt es unter dem, was grundsätzlich und unbestritten Europa bedeutet und nun zu einer ökonomischen Verwaltungseinheit zu wer-

88

den droht, Figuren, Mythen, Legenden, die unverwechselbar europäisch genannt werden können, die so europäisch sind, daß sich der moderne, aufgeklärte, rationale, der Antike längst entfremdete, dem Christentum kühl, skeptisch, ja gleichgültig gegenüberstehende Europäer darin wiedererkennen könnte? Es müßten dies Paradigmata der europäischen Existenz sein, so, wie sie bis vor kurzem, sagen wir bis zu Nietzsche, noch konnten verstanden werden.

Was ist europäisch außer den historischen Gegebenheiten, den recht heiklen geographischen und den etwas fragwürdigen völkisch-nationalen Bestimmungen? Der Drang, alles zu ergründen, zu entschleiern, zu entzaubern, aber auch das Verstehen-Wollen, die freie Individualität, das Denken, aus dem dies alles hervorgeht, dazu noch die Kunst, die Eroberungen, die Erfindungen und ihre weltumgestaltende Anwendung.

Ohne diese Unrast kein Weiterdenken, kein Aufbau, keine Steigerung, keine Weltumseglungen, keine Entdeckungen, keine Kolonialreiche, keine Ausbreitung der europäischen Wertvorstellungen, der Technik, kurz, des europäischen Denkens über die Welt, wodurch andere Kulturen aus ihrer relativen Ruhe heraus- und hineingerissen wurden in die unheilvolle Dynamik der Geschichte, die als die europäische fast schon die Weltgeschichte war.

Zu warnen ist freilich vor der vereinfachend schematischen Gegenüberstellung von rastloser europäischer Aktivität und unerschütterlich beharrender Ruhe, die asiatisch sein soll, obwohl es ein einheitliches Asien überhaupt nicht gibt. Auch war nicht alles nur Bemächtigung und Ausbeutung. Von den Missionaren will ich nicht sprechen, aber von denen, für die fremde Welten Gegenstand der Erkenntnis und des Nachdenkens wurden, die sich des unheilvollen und irreversiblen Wirkens der Europäer bewußt wurden und in denen europäische Humanität ihren schönsten Ausdruck fand; Alexander von Humboldt ist eine solche Gestalt. Auch ist die Goethe-Verehrung in Japan ein Zeichen für das Verständnis, das europäische Gesittung in anderen, eigenständigen Zivilisationen zu finden vermag. Goethe erscheint dort als der europäische Mensch und Dichter schlechthin; er steht somit für das nicht-merkantile, nicht-expansive und eroberende Europa, nennen wir es das kontemplative und schöpferische Europa.

2. Faust – von Goethe bis Thomas Mann

Dieses geographisch eher unbedeutende, nicht einmal deutlich abgrenzbare Europa hat also zumindest zwei Gesichter vorzuweisen. So gehört zum Bild des Europäers nicht nur die intellektuelle Sicherheit, der eifernde Haß auf alles Heidnische, der handeltreibende Verstand und der unerbittliche Machtwille, sondern nicht minder der Selbstzweifel, die skeptische Duldsamkeit, die Würde der Selbstbehauptung unter demütigenden Umständen und noch die Kraft zum Umsturz des sicher Gefügten.

Fragt man sich, welche Kunstwerke oder Dichtungen in besonderer Weise als europäisch angesehen werden können, so daß man dies an ihnen auch verdeutlichen kann, dann fallen einem Statuen von Donatello ein oder von Michelangelo, Werke von Leonardo da Vinci, Raffael, Dürer, Watteau, Chardin, Rembrandt, Vermeer oder Goya, um nur einige Namen zu nennen, aber ganz europäisch sind die Dramen Shakespeares wie die Calderóns, die Romane Stendhals oder Balzacs, die Dialoge Diderots, die Lyrik von Goethe, von Hölderlin, von Keats oder von Baudelaire. Die Liste ist so bald nicht abzuschließen. Doch gibt es auch einige zu Mythen oder besser zu Legenden gewordene Gestalten aus der Literatur, die reale gewesen zu sein scheinen (oder die es geworden sind), dies in einem Maße, daß sie eben eine fast mythische Bedeutung haben erlangen können: Don Quijchote und Hamlet, Don Giovanni und Doktor Faust; zumindest exemplarisch ist wohl noch Robinson Crusoe. Sie haben die nachfolgenden Generationen, auch die Künstler, die nach ihnen kamen, haben sogar andere Nationen immer wieder beschäftigt, herausfordernd als Wiedergänger der künstlerischen Phantasie. Sie haben gewissermaßen ein Eigenleben entwickelt, von denen die Späteren Zeugnis ablegen.

Von ihnen hatte zweifellos der Faust die größte Wirkung. Von Marlowe und von Cenodoxus, von Lessing und Goethe zu Klinger, Maler Müller und Klingemann, zu Lenau oder Grabbe, zu Schumann, Berlioz und Liszt, ja zu Gounod und noch zu Busoni, zu Hanns Eisler, zu Delacroix, Beckmann und Barlach, weiter zu Fernando Pessoa, zu Thomas Mann und Paul Valéry – was rückblickend alles andere als ein Zufall ist. Die nicht allein literarischen

Wiedergeburten sind alles andere als Willkürakte – die Legende zwischen Poesie und Geschichte will lebendig bleiben, der Wissenschaft zum Trotz. Faust und sein finsterer Gefährte beweisen in solchen Neugestaltungen, Abweichungen, Metamorphosen, Illustrationen und Adaptationen eine sonderbare Art von Eigenleben: Sie verlassen den ihnen von Goethe scheinbar endgültig abgesteckten Rahmen. Sie gewinnen ihre eigene Geschichte.

Es scheint, daß Goethe, wie Dante in der »Divina Commedia«, die Summe von Jahrhunderten gezogen und so dem Bewußtsein der Moderne Gestalt verliehen hat, dies einschließlich eines nicht nur anekdotisch-exemplarischen und episodischen Wissens von den Herkünften aus dem Mittelalter und vor allem der Antike, so daß nun neben dem Typischen der Epoche selbst auch das Wissen geschichtlicher Voraussetzungen in den Stoff eingeht. Wenn der junge Fr. Schlegel von der höchsten Aufgabe der Dichtung als der »Harmonie des Klassischen und des Romantischen« mit dem Blick auf die Entwicklung Goethes sprach,[1] so scheint diese im »Faust II« erreicht zu sein. Als Geschichte geht die Antike nach der großen Revue der »Klassischen Walpurgisnacht« durch Fausts Vermählung mit der sagenhaften, schönen spartanischen Königin in die Gegenwart ein. Sie wird nicht als gegenwärtig postuliert, sondern als vergangene heraufbeschworen. Das aber ist nicht Klassizismus, sondern – Romantik.

Wie er zuvor bei Gretchens Verführung der Kuppler war, so wird Mephisto auch hier zu demjenigen, der die Ehe stiftet (vielleicht, weil Goethe zur dramatischen Realisierung den Zauber benötigt, die nur auf diese Weise plausibel werden kann). Wie man weiß, hält diese Bindung nicht, aber sie ist ein Stück der Biographie des sonderlichen Protagonisten, der schließlich ein Mensch, ein repräsentativer allerdings, der europäischen Moderne heißen kann: leidenschaftlich Erkenntnis begehrend, auf Erfahrung aus, auch auf sinnenhaft-erotische, und schließlich von Macht träumend, wiewohl nicht aus egoistischer Machtgier.

3. Europäische Weltaneignung

»Faust I und II«, das ist die Szenenfolge einer echt europäischen, einer bedenkenlosen Weltaneignung – als Wissen zunächst, als Erfahrung sodann, als Schuldigwerden, als Magie, als Macht, bis hin zur Gewalttat im 5. Akt des 2. Teils, wo der fremde Rest am Rande seines Herrschaftsbereiches, die Hütte des alten treuen Paares den gealterten Faust im uneingeschränkten Genuß des Erreichten stört. Die dann folgende Erblindung zeigt an, daß ihm die Welt verloren, die Übersicht genommen ist – er zieht sich vor dem Sterben in sich selbst zurück:

> »Die Nacht scheint tiefer tief hereinzudringen,
> Allein im Innern leuchtet helles Licht:
> Was ich gedacht, ich eil es zu vollbringen;
> Des Herren Wort, es gibt allein Gewicht.
> Vom Lager auf, ihr Knechte! Mann für Mann!
> Laßt glücklich schauen, was ich kühn ersann!« (V 11497 ff.)[2]

Doch was dann in der wirklichen Welt vor sich geht, als er das Geräusch der Schaufelnden und Grabenden vernimmt, hält er für die krönende Landgewinnung, indes es sich um die Vorbereitungen für die eigene Grablegung handelt. Faust erblindet im Anhauch der Sorge, die dem Gewissen nahe ist, ohne mit ihm identisch zu sein. »Hast du die Sorge nie gekannt?« fragt ihn die graue Frau, und er erwidert:

> »Ich bin nur durch die Welt gerannt!
> Ein jed Gelüst ergriff ich bei den Haaren,
> Was nicht genügte, ließ ich fahren,
> Was mir entwischte, ließ ich ziehn.
> Ich habe nur begehrt und nur vollbracht (…)« (V 11428 ff.)

Faust besinnt sich, er nimmt Abstand im Wort, in der Reflexion, doch erliegt er nicht der herandringenden Beklommenheit, er weiß sie nur anwesend in einem allgemeinen und doch wieder sehr individuellen Sinne, er verhält sich also objektiv zu sich selbst. Der Pakt hat ihn zum Pfand gemacht, das nach einen im höchsten Selbstgenuß erfolgten Tode dem lauernd hilfreichen Gefährten anheimfallen soll. Die halbbewußte Schuld macht ihn anfällig: War sein Leben nicht doch Raub und Roheit, also Verschuldung, Schuld gegenüber der Welt, dem Zusammenhang des Natürlichen, der durch Magie versehrt worden ist?

Diese Gestalt ist alles andere als eindeutig, und es wäre anmaßend, sie richten zu wollen, wie es nur schwer gelingen will, aus Faust einen reinen Heros zu machen. Aber es sind ihm die charakteristischen Merkmale des (seit der Renaissance) ›modernen‹ Menschen, des europäischen, sichtbar eingeschrieben; in jedem der Stadien seines Daseins entfaltet er sie neu oder anders: in der Studierstube mit der Verzweiflung, die ihn nach den niederschmetternden Worten des von ihm beschworenen Erdgeistes an die Flucht in den Freitod denken läßt, über die Erfahrung der Schuld, der Blutschuld sogar, im Zusammenhang mit der zerstörten Unschuld des jungen Mädchens, das ihn liebte, am Hof des Kaisers sodann, als Wanderer durch thessalische Zauberregionen, an der Seite der gerechtfertigten Helena, schließlich als Organisator künftiger Siedlungsstätten freier Menschen, als Kolonisator also. So hat er viele Leben gelebt; sehr europäische Viten sind es jedenfalls.

Es mag lohnend und sinnvoll sein, sich diese Lebensphasen einer in unserer Vorstellungswelt virtuell gewordenen Gestalt noch einmal zu vergegenwärtigen.

Schon im »Prolog im Himmel« erfahren wir von Faust, aus dem Munde Mephistos, da Gott ihn als seinen Knecht bezeichnet: »Fürwahr«, so sagt er,

> »Fürwahr, er dient Euch auf besondere Weise!
> Nicht irdisch ist des Toren Trank noch Speise!
> Ihn treibt die Gärung in die Ferne;
> Er ist sich seiner Tollheit halb bewußt:
> Vom Himmel fordert er die schönsten Sterne
> Und von der Erde jede höchste Lust (…)« (V 299 ff.)

Dem Vertrauen des Herrn setzt Mephisto die Gewißheit entgegen, ihn für sich zu gewinnen. So ist die Wette abgeschlossen.

Im Eingangsmonolog enthüllt sich Faust als beinahe verzweifelt, die Grenzen der Erkenntnis bedrücken ihn:

> »Mich plagen keine Skrupel noch Zweifel,
> Fürchte mich weder vor Hölle noch Teufel –
> Dafür ist mir auch alle Freud entrissen (…)« (V 368 ff.)

93

So soll Magie ihm helfen, aus der Enge der Einsicht wie der Existenz herauszugelangen. Doch schon der erste Beschwörungsversuch mißlingt ihm: der Erdgeist läßt ihn wie vernichtet zurück. Nicht nur sein Stolz ist verletzt:

> »Nicht darf ich dir zu gleichen mich vermessen!
> Hab ich die Kraft, dich anzuziehn, besessen,
> So hatt ich dich zu halten keine Kraft.« (V 624 ff.)

So wird das Verlangen, das Leben abzuschließen, aufs natürlichste erklärt:

> »Ein Feuerwagen schwebt auf leichten Schwingen
> An mich heran! Ich fühle mich bereit,
> Auf neuer Bahn den Äther zu durchdringen
> Zu neuen Sphären reiner Tätigkeit.« (V 703 ff.)

Dubios ist ihm die Verehrung, die ihm, den ein Rest von Frömmigkeit vor dem Gifttrunk bewahrt hat, von der Bevölkerung gezollt wird; sein Vater, räumt Faust ein, war »ein dunkler Ehrenmann«, war ein Alchimist ohne viel Skrupel:

> »So haben wir mit höllischen Latwergen
> In diesen Tälern, diesen Bergen
> Weit schlimmer als die Pest getobt.
> Ich habe selbst den Gift an Tausende gegeben:
> Sie welkten hin, ich muß erleben,
> Daß man die frechen Mörder lobt!« (V 1050 ff.)

Was unterscheidet ihn von seinesgleichen, wenn nicht die selbstkritische Einsicht, das Ungenügen an seiner Existenz und das Eingeständnis einer geradezu kriminellen Praxis? Das ist die Entsprechung zu jenem Zwiespalt, der ihn die Worte von den zwei Seelen aussprechen läßt, die seine Brust bewohnen. Weltliebe und geistiges Verlangen bestimmen ihn in gleicher Weise. Doch hat ihn die fruchtlose Mühsal schon in einer Weise zermürbt, daß er Mephisto bei der zweiten Begegnung bereits gestehen kann, das Dasein sei ihm zur Last geworden, der Tod sei ihm erwünscht. Er sagt dem Gaukelspiel der kindlichen Frömmigkeit ade, die ihn doch in der Osternacht davor bewahrt hatte, den tödlichen Trank zu schlürfen. Er verflucht alles, was das Leben angenehm sein läßt:

>»Fluch sei dem Balsamsaft der Trauben!
Fluch jener höchsten Liebeshuld!
Fluch sei der Hoffnung! Fluch dem Glauben!
Und Fluch vor allem der Geduld!« (V 1632 ff.)

Das »Drüben« kümmert den Maßlosen nicht mehr – er ist jetzt reif
für den Pakt mit dem Teufel. Müßiggang, bloßer Genuß, Selbstzu-
friedenheit und kleinliche Eitelkeiten verfälschen seine Absichten
nicht: so kann er zuversichtlich die zweifelhafte Vereinbarung eingehen. Schon hat sich eine Wende vollzogen:

>»Dem Taumel weih ich mich, dem schmerzlichsten Genuß,
Verliebtem Haß, erquickendem Verdruß.
Mein Busen, der vom Wissensdrang geheilt ist,
Soll keinen Schmerzen künftig sich verschließen,
Und was der ganzen Menschheit zugeteilt ist,
Will ich in meinem innern Selbst genießen (…)« (V 1766 ff.)

Das ist eine aus der Verzweiflung des Denkens geborene Absage,
sie liefert ihn nur um so stärker dem diabolischen Gefährten aus.
Dennoch ist Faust stets der Dankbarkeit, ja, einer der Welt zuge-
wandten Frömmigkeit fähig. Es rührt den zauberisch Verjüngten
nicht allein die Unschuld der jungen Margarethe, auch für das
gesteigerte Lebensgefühl, neue Einsicht in die Naturvorgänge, ja
Kenntnis von sich selbst, weiß er dem Erdgeist zu danken. Aber
auch der Preis ist ihm bewußt geworden: Schon kann er Mephisto,
der ihm stets zu Diensten steht, nicht mehr entbehren; er sieht
durch ihn, was er reinen Herzens anzustreben wähnt, verzerrt,
verfälscht, verfinstert. Er weiß überdies, was sein Verlangen bedeutet und gesteht:

>»Bin ich der Flüchtling nicht? der Unbehauste?
Der Unmensch ohne Zweck und Ruh,
Der wie ein Wassersturz von Fels zu Felsen brauste,
Begierig wütend, nach dem Abgrund zu?« (V 3348 ff.)

Doch scheint er den tragischen Ausgang dieser Liebesgeschichte
auch als Opfer für die Hölle anzusehen, was ihn selbst wohl ein
wenig entlastet. Aber das verfängt schließlich nicht, weiß er doch,
was die fremde Hilfe ihm wert war. Dennoch hält er dem Gefährten vor, daß er ihm Gretchens Haft und Qual verheimlicht habe.

Nun, da es zu spät ist, bereut er den Irrtum, die Verstrickung, kann aber das Geschehene nicht mehr rückgängig machen. Mephisto bringt die Sache mit wenigen Worten auf den Punkt: »Willst fliegen und bist vorm Schwindel nicht sicher? Drangen wir uns dir auf oder du dich uns?« (»Trüber Tag. Feld«) Faust muß einsehen, daß er das Kind ins Verderben gestürzt hat. Schließlich mißlingt auch die Rettung, weil Gretchen bereit ist zu etwas, was Faust nicht in den Sinn kommt: zur Sühne. So steht am Ende die Katastrophe: Abenteuerlust, Erkenntnisdrang und Resignation; Erfahrungsdurst, erotisches Begehren und Rücksichtslosigkeit haben das Unheil zusammengerührt, haben Gretchen physisch und Faust moralisch zugrunde gerichtet.

4. Faust II

Der Faust des 2. Teils scheint ein anderer zu sein, geheilt, obschon nicht eigentlich geläutert, auch wird sich zu Ende seines Lebens im Zugriff auf die Hütte von Philemon und Baucis das Entsprechende ereignen. Aus dem Heilschlaf erwachend, schaut er auf den gewaltigen Wassersturz und erkennt im farbigen Spiel des elementaren Vorgangs die ästhetische Rechtfertigung:

> »Wölbt sich des bunten Bogens Wechseldauer,
> Bald rein gezeichnet, bald in Luft zerfließend,
> Umher verbreitend duftig-kühle Schauer!
> Der spiegelt ab das menschliche Bestreben.
> Ihm sinne nach, und du begreifst genauer:
> Am farbigen Abglanz haben wir das Leben.« (V 4719 ff.)

Aus der kleinen Universitätsstadt in die weite Welt, in die große Welt geführt, stellt sich Faust fortan als ein anderer dar: Das Trauma der blutigen Verstrickung ist ihm von helfenden Geistern genommen worden, er ist wieder voller Tatendrang. Doch wenn er auch großen Mut besitzt, wie sogar sein finsterer Gefährte einräumt, als er den Abstieg zu den Müttern wagt, wird er bald wieder zum Opfer seiner Unbesonnenheit: Der Zugriff auf die als Phantom beschworene Helena endet mit einer Explosion, die Faust zu Boden schleudert. Er vermag mit dem Gaukelwerk noch nicht richtig umzugehen, und Mephisto bringt ihn zurück in die vertraute und verstaubte Studierstube.

Faust muß sich erst einmal erholen; bald wird er staunend und hartnäckig auf den pharsalischen Gefilden dem Verbleib Helenas nachforschen, noch immer nicht geheilt von dem Verlangen, sich ihrer zu bemächtigen. Von den antiken Fabelwesen, die hier auftauchen, weiß er, was Mephisto gar nicht in den Sinn kommt; anders als dieser, ist Faust nicht nur im Norden und im Nebelland zu Hause:

> »Vom frischen Geiste fühl ich mich durchdrungen:
> Gestalten groß, groß die Erinnerungen.« (V 7186 f.)

Auf der unermüdlichen Suche nach Helena läßt er sich schließlich von Chiron zur zeitentrückten Manto tragen, für die er auf dem Weg in die Unterwelt zu einem zweiten Orpheus wird. Als ihm dann schließlich mit Hilfe des zauberkundigen Gefährten in der häßlichsten, der Phorkias-Gestalt, die Begegnung mit Helena gewährt wird, tritt er als Fürst aus den nördlichen Ländern auf und gewinnt durch Gestalt und Rede rasch die Sympathie des Gefolges, dann auch die Zuneigung und Liebe Helenas. Im Übergang vom antiken Versmaß zum europäischen Reimvers vollzieht sich die spirituelle Verbindung, die mit dem Absturz Euphorions dann fürchterlich endet.

In die nördlichen Bereiche zurückgekehrt, im Hochgebirge innehaltend, versichert sich Faust nicht etwa seiner Trauer. Des Verlustes uneingedenk, weiß er, wahrhaft unermüdlich, nur von neuen Aufgaben, von neuer Tätigkeit zu träumen, wie ja überhaupt der Begriff der Tätigkeit es ist, der ihn leitet. So war schon im »Prolog im Himmel« von des Menschen Tätigkeit die Rede, die ohne den Anreiz des Teufels nur zu leicht erschlaffen könnte. So endete die Übersetzung der ersten Verse des Johannes-Evangeliums mit der Wiedergabe von Logos durch Tat. Nun, nach allem Erlebten, heißt es:

> »Herrschaft gewinn ich, Eigentum!
> Die Tat ist alles, nichts der Ruhm.« (V 1084 f.)

So wird er denn zur Belohnung für mit dämonischen Mächten geleistete Hilfe vom Kaiser mit einem Landstrich bedacht, der erst dem Meer noch abzugewinnen ist. Eine neue Aufgabe lockt ihn, in der er seine Kräfte, seine Überlegenheit verwirklichen kann. Er hält nur ein, um sich auf neue große Pläne zu konzentrieren; sein Wissen will Tat, seine Tat soll Geschichte werden. So wird der für ihn wirkende Mephistopheles zur Inkarnation des Geschichte bewegenden Antagonismus. Man könnte ihn wohl auch als die personifizierte List der Vernunft bezeichnen (»Ein Teil von jener Kraft,/ die stets das Böse will, und stets das Gute schafft.« V 1337 f.). Faust seinerseits hat selbst schon aufgehört, nur privates und im engen persönlichen Bereich wirkendes Subjekt zu sein, er ist ein exemplarisch handelnder Mensch.

Das zeigt sich noch einmal deutlich im 5. Akt des 2. Teils: Faust als Herr des dem Meer in unnatürlich rascher Zeit abgewonnenen Landes ist zufrieden mit dem Reichtum, den ihm Handel und Seeräuberei bescheren, doch eine kleine Hütte, ein Kapellchen dabei, die ihm nicht gehören, beginnen ihn zu kränken:

> »Das Widerstehn, der Eigensinn
> Verkümmern herrlichsten Gewinn,
> Daß man, zu tiefer, grimmiger Pein,
> Ermüden muß, gerecht zu sein.« (V 12267 ff.)

Doch die ein wenig gewaltsame Verpflanzung der alten Leute endet in Brand und Mord, den er nicht verschuldet haben will. Gewalt freilich hatte er nicht völlig ausgeschlossen …

Vier graue Weiber suchen ihn dann heim, nur die Sorge findet Eingang und bleibt. Faust möchte sich befreien, er hat seine Verstrickung erkannt:

> »Könnt ich Magie von meinem Pfad entfernen,
> Die Zaubersprüche ganz und gar verlernen,
> Stünd ich, Natur, vor dir ein Mann allein,
> Da wärs der Mühe wert, ein Mensch zu sein!« (V 11401 ff.)

Er weiß, daß er gebunden ist, daß er gefrevelt hat. Eh noch der graue Gast ihn angesprochen hat, wird Sorge in ihm wach; er ahnt das Unheil seines Wirkens und mag sich nicht beruhigen. Bislang war Sorge ihm fremd:

> »Ich habe nur begehrt und nur vollbracht
> Und abermals gewünscht und so mit Macht
> Mein Leben durchgestürmt: erst groß und mächtig,
> Nun aber geht es weise und bedächtig.« (V 11434 ff.)

Er weiß, daß dem Tüchtigen die »Welt nicht stumm« ist, es ist nicht nötig auszuschweifen in die Ewigkeit, und was erkannt wird, läßt sich auch ergreifen. Eben noch von Skrupeln angefochten, versteht er sich schon wieder zu rechtfertigen. Als er unter dem Anhauch des unheimlichen Gastes erblindet, beginnt er, wie aus Trotz, sofort die Anordnung zu treffen, das Werk der Entwässerung und Besiedlung rasch zu Ende zu führen. Doch der Wunsch, auf Polderland ein freies Volk zu sehen, der vorweggenommene Augenblick höchster Genugtuung ist der seines Todes, es läuft schließlich nach den Worten des Mephisto alles auf Vernichtung hinaus.

5. Paul Valérys Faust

Faust ist nicht einseitig: An den Grenzen der menschlichen Erkenntnis verzweifelnd, ist ihm diabolische Hilfe nicht zuwider und die Erfahrung einer zuvor unbekannten Welt eine wesentliche Bereicherung. Die Aneignung der antiken Welt geht einer intensiven Phase weltzugewandter Tätigkeit voraus. Er wird zum handelnden Menschen.

In den »Maximen und Reflexionen« heißt es einmal: »Der Handelnde ist immer gewissenlos; es hat niemand Gewissen als der Betrachtende.«[3] Ein dunkles Wort; es klingt, als müßten wir uns entweder aus der Welt zurückziehen oder bereit sein, Schuld auf uns zu laden. Als der große Handelnde ist Faust sicherlich eine exemplarische europäische Menschengestalt: ohne böse Absicht frevelnd, ruhelos, ohne dumpf getrieben zu sein, ehrgeizig ohne Eigennutz, vielseitig, ohne sich doch zu verlieren, wissend, ohne weise zu werden. Es fehlt ihm nicht viel, um ein Heros zu sein. Nicht Intelligenz allein zeichnet ihn aus, er besitzt Lebensenergie, Tatkraft und Mut.

Im 20. Jahrhundert hat Paul Valéry aus Einsicht in die Bedeutung dieser Gestalt und ihre mögliche historische Fortexistenz einen neuen, eben seinen Faust geschrieben. Der Faust, der hier auftritt, ist zugleich fiktive und historisch-reale Figur: Er weiß sich als Faust, der noch immer lebt, denkt, handelt, und als der, über den so viel gesagt und geschrieben wurde, daß er die literarische und die reale Biographie gar nicht mehr genau zu unterscheiden vermag. Er will es auch nicht. Literatur ist Wahrheit geworden. So diktiert er seine Memoiren in dem Bewußtsein, daß sich Wahrheit und Dichtung nicht mehr wirklich sondern lassen.

Er hat jedoch dem Faust, als welchen ihn Goethe gekannt, etwas voraus: die wissenschaftlich-technischen Errungenschaften der Moderne, die ihm völlig vertraut sind und ihn in die Lage versetzen, seinen teuflischen Gefährten auf subtile Weise zu belehren. Lange war Mephistopheles auf der Höhe des Wissens der Epoche und vermochte Schrecken zu verbreiten. Diese Zeit aber ist vorbei. Faust unterrichtet den einst so hilfreichen Begleiter: Die geistigen Mittel des Menschen haben sich verstärkt und gesteigert, das betrifft nun auch die Rolle des Teufels. Schon vermochte der Geist des Menschen in den tiefen Gründen der Schöpfung das alte Chaos auszumachen. Was man Seele nannte, ist bedeutungslos für die Menschen, und die Hölle fürchten sie nicht mehr. Mephisto ist veraltet – eine Kasperle-Figur. Auch benötigen ihn die Menschen nicht mehr, um sich zugrunde zu richten – sie besorgen das auf ausgezeichnete Weise selbst. »Tout le système dont tu étais l'âme des pièces essentielles n'est plus que ruine et dissolution. Tu dois avouer toi-même que tu te sens égaré, et comme dessaisi parmi tous ces gens nouveaux qui péchent sans le savoir, sans y attacher d'importance, qui n'ont aucune idée de l'Eternité, qui risquent leur vie dix fois par jour, pour jouir de leurs neuves machines, qui font mille prestiges que ta magie n'a jamais rêvé d'accomplir (…)«[4]

»Das ganze System, in dem du eines der wesentlichsten Stücke warst, ist nur noch Bruch und Trümmer. Du mußt doch selber zugeben, daß du dir wie einer, der sich verlaufen hat, vorkommst und ohne Befugnisse inmitten all dieser neuen Leute, die sündigen, ohne es zu wissen, ohne etwas dabei zu finden, die keine Vorstellung von der Ewigkeit haben, die ihr Leben tagtäglich zehnmal aufs Spiel setzen, um sich an ihren neuen Maschinen zu ergötzen, und die tausend Zauberstücke vollführen, die deine Magie sich niemals hätte träumen lassen (…)«

Die Situation hat sich ironisch verkehrt: Faust muß den Bösen von seiner ihm zugewachsenen Belanglosigkeit überzeugen, ihn zumindest über den veränderten Weltzustand belehren wie über den

Grad der Verfügungsgewalt über die Natur, zu dem die Menschheit sich erhoben hat.

Valéry hat den »Faust« nicht einfach zitiert oder ihm, ihn modifizierend, neue Motive hinzugefügt, er hat ihn vielmehr fortgeführt, weitergedacht bis in unser unheilvolles Jahrhundert, dessen schlimmstes Zeichen nicht ist, daß es völlig in der Hand des Teufels sich befindet, sondern daß die Menschheit so »mündig« geworden ist, daß sie seiner nicht einmal mehr bedarf, um sich selbst zugrunde zu richten.

Bei Goethe noch mit Zügen aus dem Volksbuch ausgestattet und in ein halbwegs mittelalterliches Milieu (mit Modernismen) gestellt, ist der Faust bei Valéry ganz eine Gestalt des 20. Jahrhunderts geworden. –

Keine Figur, nicht einmal Don Juan, hat ein so reiches europäisches Nachleben haben dürfen wie Doktor Faust. Ob sich der Europäer in ihr erkennen kann mag oder muß? Große Möglichkeiten und viel Verhängnisvolles sind in ihr angelegt. Der Janusgesichtige Europäer vermag sich widersprüchlicher Weise wohl doch in ihr zu spiegeln. Das gefräßige Ich verleibt sich Weltstoff ein und verwandelt ihn in Bewußtsein. Faust ist ein Gelehrter nicht nur, er ist ein Denker, ein Freigeist eher als ein Frömmler, ein Forscher auf Abwegen, und als ein neuer Paris schlüpft er sogar in die Rolle des Orpheus. Er läßt Vergangenheit ins Leben eingreifen und schwärmt im unheimlichen Zauber thessalischer Landschaft wie in den Geistesräumen des versunkenen Arkadien. Noch hinter das heroische Zeitalter zurück, fragt er sich zur Vorwelt durch, darin anders als der Homunculus, das vielwissende und lebensarme, erfahrungslose Produkt aus der Retorte. Magie ist ihm wechselseitige Teilhabe, Wirken, nicht reine Kontemplation von Mächten, die sich sonst verbergen. Sie hindert ihn natürlich nicht, bei Gelegenheit rücksichtslos und übereilt zu handeln. Sein Wunsch, sich von Magie endlich befreien zu können, ist der nach einem schuldlosen Austausch mit den Kräften der Natur. Dieser Wunsch hat vielleicht den Charakter einer partiellen Entsühnung.

Wenn, wie zuweilen versichert wird, allein die Kunstwerke Anspruch auf Dauer erheben können, in denen die Nation sich wiedererkennt, so ist das vielleicht ein wenig zu eng gesehen; im Hinblick auf eine europäische Resonanz wird das Gemeinte deutlicher, vorausgesetzt, daß es sich nicht nur um eine kurzfristige Mode handelt. Als eine europäische Gestalt scheint Faust noch fortzuleben, ein Idol vielleicht, sicherlich auch eine Warnung.

Anmerkungen

1 *Friedrich Schlegel*, Kritische Schriften, hg. von W. Rasch, 2. erw. Auflage, Darmstadt 1964 (Wiss. Buchges.), S. 524.
2 *Johann Wolfgang Goethe*, Faust. Der Tragödie erster und zweiter Teil. dtv Gesamtausgabe Band 9, München 1962, S. 333. Im Folgenden werden die Textstellen nach dieser Ausgabe mit der jeweiligen Angabe der Nummer der betreffenden Verszeilen angeführt.
3 *Johann Wolfgang Goethe*, Maximen und Reflexionen, dtv Gesamtausgabe Band 21, München 1963, S. 25.
4 *Paul Valéry*, Œuvres, Tome II, Edition établie et annotée par Jean Hytier, Paris 1961 (Bibl. de la Pléiade), p. 302 sq. In: Paul Valéry, Werke 2 (Frankfurter Ausgabe), hg. von K. A. Blüher, S. 277 f. (Übersetzung von F. Kemp).

Was hat Europa an unverzichtbar Eigenem in die Welt von morgen einzubringen?

JOSEPH ROVAN

Wir sind die erste Generation in der Geschichte Europas, die mit Europa als einer politischen Wirklichkeit zu tun hat. Es hat schon einmal einen Ansatz dazu gegeben, das war das Europa des Wiener Kongresses. Aber das war ein kurzer Moment der europäischen Geschichte, und die Institutionen, die in der Folge des Wiener Kongresses geschaffen wurden, hatten keine Dauer.

1. Europa – eine politische Wirklichkeit

Wir sind jetzt schon seit fast 50 Jahren dabei, eine europäische politische Wirklichkeit aufzubauen. Wir haben bereits Elemente der europäischen Staatlichkeit, und das ist ein vollständiges Novum. Europa – wenn wir vom Europa in der Geistesgeschichte sprechen und wenn wir vom Europa des Europa-Parlaments in Straßburg und der Kommission und des Ministerrats in Brüssel sprechen – das sind verschiedene Dinge. Wir haben zum erstenmal mit einem Europa zu tun, das als Subjekt der politischen Geschichte existiert; noch unvollkommen, aber es existiert bereits, und wir können nicht mehr über Europa so sprechen, als wäre es einfach eine Vorstellung von Intellektuellen oder ein Element der Kultur – hier handelt es sich um Steuern und um Beiträge zu diesem und jenem und sogar eventuell um militärische Dinge; das heißt, wir sind dabei, eine europäische Staatlichkeit zu entwickeln, und das verändert natürlich auch vollkommen die Lage dessen, was wir der übrigen Welt anzubieten haben. Wir bieten es nicht im luftleeren Raum an, sondern es ist ein Teil dessen, das wir in einer neuen

Welt darstellen, in einer Welt, von der man bereits voraussagen kann, daß sie nicht mehr aus den Beziehungen, oft konfliktuellen Beziehungen, von europäischen Mächten besteht, sondern aus den Beziehungen zwischen Weltmächten, von denen keine bisher europäisch ist.

Die große politische Entwicklung, die ich in meiner Lebenszeit durchgemacht habe, ist, daß, als ich jung war, man noch davon ausging, daß es zwar schon außereuropäische Mächte gab wie Amerika, aber daß wir im Grunde noch in einer Welt lebten, wo alle wichtigen Mächte europäisch waren wie im 19. Jahrhundert. Heute ist keine Weltmacht mehr europäisch, und wir wissen alle, daß – wenn wir ehrlich mit uns sind, und das gilt für das Frankreich de Gaulles wie für den Heiligen Stuhl oder für Finnland oder Österreich und die Schweiz – wir alle bis 1990 amerikanische Protektorate gewesen sind, Gott sei Dank; denn sonst wären wir sowjetische Untertanen gewesen. Und wir müssen jetzt in der nachsowjetischen Zeit eben völlig neu nachdenken: Was werden wir in Zukunft sein, was werden wir in Zukunft sein wollen, und was will Europa sein? Und dieses Europa ist eben nicht mehr nur eine Summe von amerikanischen Protektoraten. Es könnte, wenn es will, ein wirklicher Alliierter, ein gleichgewichtiger Alliierter Amerikas werden, vielleicht auch in weiterer Sicht einmal eine andere, ähnliche Gemeinschaft mit der Weltmacht Rußland unterhalten; und dann gibt es die Weltmacht China, dann gibt es die Weltmacht Indien, dann gibt es Länder, die noch nicht ganz oder vielleicht nie ganz auf den selben Status sind oder kommen können, wie Japan oder Brasilien, und dann gibt es die in dieses Schema nicht einfach hineinpassende ungeheuer komplexe Welt des Islam zwischen dem laizistischen Erbe Kemals in der Türkei und dem radikalen Islamismus.

2. Menschenrechte – Rechtsstaatlichkeit – Demokratie

Wenn wir also fragen, was kann Europa anbieten, müssen wir fragen: Wer ist Europa? Und was soll Europa sein, um etwas anzubieten zu haben? Vom Politischen her gesehen, ist das Angebot, das wir zu machen haben – was können und dürfen wir den anderen Völkern und Staaten vorschlagen, welche Werte können wir ihnen vorschlagen, was können wir bei ihnen heute vertreten? – ganz klar: *die* Gruppe von Werten, die sich mit den Worten Menschenrechte, Rechtsstaatlichkeit und Demokratie decken. Das alles, was wir über die Kulturgeschichte Europas hier auf der Tagung gesagt haben, das stellen wir in die Welt, und wer sich dafür interessiert und wer es brauchen kann, der kann sich dessen bedienen. Freilich: Was die Menschenrechte, die Rechtsstaatlichkeit angeht, so verfügen wir hier nicht über einen sicheren Besitz. Vielmehr sind wir permanent der Feindseligkeit von drinnen und draußen ausgesetzt. Das, was wir erworben haben in harten Kämpfen der Jahrhunderte auf diesem Gebiet, ist auch bei uns täglich in Frage gestellt. Die Deutschen haben im Augenblick noch das Glück, daß der Rechtsradikalismus bei ihnen wenig Bedeutung hat; in Frankreich sind wir bei zwischen 15 und 20 % angelangt; auch in Österreich gibt es derartig gefährliche Elemente. Und es gibt ja auch Radikalismen von anderen Seiten, die auch heute noch die grundlegenden Werte bedrohen. Wir müssen diese Werte also zunächst einmal bei uns selber erstens verteidigen und zweitens vertiefen, verbreitern und weiter durchsetzen. Menschenrechte stehen ja nicht im luftleeren Raum; jeder Fortschritt in der Rechtsstaatlichkeit und in der Anerkennung von Menschenrechten ist das Resultat von Kämpfen, von geistigen, aber auch von politischen Kämpfen, und nie wird das Ergebnis hundertprozentig mit dem Ideal übereinstimmen; aber – das ist das Wesen des Fortschrittes in der Politik – wir müssen uns bemühen, die Dinge zu verbessern, unter anderem und vielleicht zunächst deshalb: Wenn wir diese Werte nach außen hin vertreten wollen, dann müssen wir sie auch glaubwürdig nach innen vertreten und darstellen.

Der Mann, der heute symbolisch sozusagen als der Feind der Menschenrechte erscheint, Herr Mahatir, der Prime minister von Malaysia, hat einmal gesagt, die Menschenrechte seien nur eine Heuchelei des Kolonialismus gewesen, um auf diese Weise noch besser die kolonisierten Völker niederzuhalten. Ich glaube nicht, daß das so einfach gesagt werden kann. Aber eines ist klar: Wenn wir in unserem Verhalten denjenigen gegenüber, denen wir diese Werte nahebringen wollen, in der Anwendung und Anerkennung der Menschenrechte nicht glaubwürdig sind, dann können wir auch nicht verlangen, daß diese Rechte von ihnen respektiert werden, und vor allem verlieren wir dann die Berechtigung, denen beistehen zu wollen, die diese Grundwerte der europäischen politischen Existenz bei sich verwirklichen oder verbessern wollen.

Hier ist also gegenüber dem einfachen Anbieten und Zur-Verfügung-Stellen der kulturellen Werte eine doppelte Verpflichtung zur *Verbesserung* der Lage in bezug auf die Menschenrechte gegeben – ich sage »Menschenrechte« für den ganzen Komplex, um nicht immer »Menschenrechte, Rechtsstaatlichkeit, Demokratie« usw. sagen zu müssen. Das gilt für unsere Gesellschaft im Innern, es gilt auch für das Wirken nach außen, für die Verpflichtung, bei der Verwirklichung der Menschenrechte mitzuhelfen, wo es bei anderen außereuropäischen Völkern, Staaten und Gemeinschaften Bestrebungen zu ihrer Realisierung gibt.

Das Deutsche hat einen großen Vorteil: Hier spricht man von Menschenrechten und nicht von »droits de l'homme«, denn eines der wesentlichen Elemente in der Bemühung für die Menschenrechte ist ja auch der Kampf für die politische und zivile und juristische Gleichstellung der Frauen, und bei den »droits de l'homme« müssen wir in Frankreich jetzt immer hinzufügen »et de la femme«; das ist nicht so schlimm wie das groß geschriebene »I« in Deutschland, aber es ist immerhin eine Armut der sonst so reichen französischen Sprache, daß man »droits de l'homme« sagen muß und daß hier die Menschheit als solche maskulin dargestellt wird. Das müssen wir natürlich vermeiden, vor allem, weil ja auch bei der Bemühung um Anerkennung der Menschenrechte besonders in islamischen Ländern die Bewegungen von Frauen, der Kampf gegen eine falsche Auslegung der Scharia und für die politische und gesellschaftliche Gleichstellung von Frau und Mann, eine wichtige Rolle spielen und Kräfte sind, die wir brauchen – nicht nur, weil wir moralisch verpflichtet sind, diese unsere Werte dort zu vertreten, wo sie beansprucht werden, sondern auch, weil wir ja in der Welt, der politischen Welt, die ich beschreibe, der Welt der Weltmächte des 21. Jahrhunderts, Alliierte brauchen und weil der Punkt, der am unübersichtlichsten ist, die islamische Welt ist, in der das Problem der Gleichstellung der Frau ein besonders brisantes ist.

3. Kampf gegen Fundamentalismus

Die Unterstützung, die wir den Kräften schulden, die gegen den Fundamentalismus im islamischen Bereich auftreten, ist wahrscheinlich eine der Grundforderungen, die aus der Existenz Europas, so wie wir sie hier auf der Tagung beschrieben haben, für uns herauskommen; das ist sowohl geistig-menschlich fundiert wie machtpolitisch. Es ist klar, daß die Orientierung der islamischen Länder in der Zukunft eines der wesentlichen Elemente, einer der Unsicherheitsfaktoren im Weltsystem sein wird und daß wir besonders aufmerksam sehen müssen, was aus Algerien, was aus Ägypten, aus Syrien, dem Irak usw. wird, und daß wir da eben sowohl aus der Treue zu unseren Prinzipien wie aus weltpolitischen Machtgründen die Verpflichtung haben, denjenigen beizustehen – soweit wir es können und ohne sie zu kompromittieren –, die für die Werte eintreten, von denen wir wissen, daß sie in England, in Amerika, in Frankreich ausgearbeitet worden sind, aber daß sie für alle Menschen, in Indonesien ebenso wie in Patagonien, gültig sind. Und wir haben kein besonderes Recht, darauf stolz zu sein, daß sie bei uns entstanden sind; wir haben jedoch um so mehr die Verpflichtung, dafür zu kämpfen, daß sie auch anderswo, wo man sie in Anspruch nimmt, verwirklicht werden können. Die neue Weltstruktur, in die wir eingetreten sind, macht alle größeren Faktoren der Weltpolitik in einem viel stärkeren Maße, in einem viel erkennbareren Maße voneinander abhängig, als das früher der Fall gewesen ist, und wir haben hier einen Kampf fortzusetzen als Europäer im Namen der Werte, die soeben von mir aufgezeigt worden sind – die aus dem Altertum stammen, von Juden, Griechen und Römern und aus dem Christentum und die einmünden in die Aufklärung –, und die uns es zur Pflicht machen, gegen alle Formen des Totalitarismus, der Inquisition und des Fundamentalismus anzukämpfen.

Wir sind um so eher dazu berechtigt, den islamischen Fundamentalismus zu bekämpfen, als es ja nicht lange her ist, daß wir den Fundamentalismus in unseren eigenen Ländern zu bekämpfen hatten. Ich bin als junger Mann im Gefolge von Emmanuel Mounier geistig groß geworden, der angetreten war, um die keineswegs unschuldigen Reste des katholischen Fundamentalismus zu bekämpfen, deren verhängnisvolle politische Rolle wir später dann in Vichy erlebt haben. Das sind Dinge, die ja nicht vorgestern stattgefunden haben, und der Fundamentalismus ist überall, und die Inquisition ist überall von Übel, ob das nun im europäischen oder im asiatischen oder im arabischen Feld vor sich geht. Unsere Pflicht ist, diese zu bekämpfen – auf ihre Art ist die Bedrohung durch den islamischen Fundamentalismus durchaus mit der durch Hitler zu vergleichen; der wesentliche Unterschied ist, daß Hitler herostratisch dem Weltuntergang beiwohnen wollte, während die Fundamentalisten überzeugt sind, je schneller sie die Welt beseitigen, um so schneller kommen sie in den Himmel und in die Arme der Huris. Also, das Ziel ist nicht dasselbe, aber die Art und Weise, wie mit der Welt umgegangen wird, ist dieselbe. Und darum ist das, was wir als Europäer heute denjenigen, die noch nicht im Besitz dieser Werte sind, anzubieten haben ist, daß wir selber bei uns alle Überbleibsel, und die sind manchmal noch recht lebendig, der fundamentalistischen und der totalitaristischen Elemente bekämpfen und daß wir also unseren Freunden und denen, denen wir helfen wollen, soweit wir es vermögen, beweisen können, daß wir es mit diesen Dingen bei uns selber ernst nehmen, daß wir das Recht haben, außerhalb von Europa für diese Werte einzutreten, in dem Maße, in dem wir sie eben bei uns ernst nehmen.

Das ist eines der ganz wesentlichen Dinge, die wir zu sagen haben. Das ist auch *eine* – ich würde sogar sagen, *die* politisch-moralische Verpflichtung des heutigen Europas der nichteuropäischen Welt gegenüber: ihr das zu vermitteln, aus dem bei uns diese Werte hervorgegangen sind in einer langdauernden dialektischen Beziehung zwischen Kontinuität und Bruch. Wenn wir uns überlegen, wann in der Neuen Welt und in Europa diese Formulierungen erscheinen, so ist es klar, daß sie einerseits ein langes Erbe des christlichen und des vorchristlichen Europas in sich tragen und daß

doch andererseits der Bruch nötig war, der in England im Bürgerkrieg und danach in der Revolution von 1688 vollzogen worden
ist, in Amerika durch den Aufstand der Kolonien, der nicht nur
durch die Interessen von Tee-Importeuren ausgelöst worden ist,
und dann in Frankreich in der Großen Revolution. Oft ist die Geschichte doppelzüngig: Das moralisch Positive und das moralisch
Negative wirken zusammen. Aber unsere Verpflichtung ist, diese
aus Kontinuität und Bruch erstandene Wirklichkeit der Menschenrechte so zu vertreten, daß wir uns nicht denen gegenüber schä-
men müssen, die dieses Beispiel übernehmen wollen.

4. Werte und Macht

Das bedeutet natürlich auch, daß man in dieser unserer politischen
Welt keine Werte vertreten kann, ohne die Macht zu haben, sie zu
vertreten. Die Nacktheit ist kein Prinzip des politischen Kampfes –
man braucht Rüstungen und Waffen. Und so kommt es immer
wieder zu Auseinandersetzungen mit radikalen Verbesserern, die
glauben, man könnte eine gewaltlose Welt herstellen. Die gewaltlose Welt ist aber völlig ohne Zweifel eine Garantie für die Macht
der Gewalttätigen. Wir wissen aus Erfahrung – aus dem Kampf
gegen Hitler, gegen Franco, gegen Stalin und wo auch immer vor
und nach diesen Tyrannen –, daß nur die Kombination von Werten
und Macht eine gewisse Durchsetzung der Werte erlaubt.

Mein Freund Jacques Delors hat einmal vor zwei Jahren auf einem
Kongreß gesagt: »Nous avons besoin d'une Europe puissante et
généreuse.« »Généreuse« – kein Wort, das sich leicht ins Deutsche
übersetzen läßt, denn es ist eine Öffnung auf den andern hin, der
Wunsch, dem anderen etwas aus der eigenen »plénitude« mitzu-
geben und mitzuteilen. Und was Macht ist, das wissen wir. Und
Delors hat hinzugefügt: »Macht ohne Generosität ist uninteressant
und gefährlich, und Generosität ohne Macht ist ohnmächtig«. Das
wirkliche politische Problem ist natürlich immer die Auslotung
des Gewichtes an Macht und an Generosität, die wir in jedem konkreten Fall brauchen, damit die Generosität nicht machtlos ist und

die Macht nicht ohne Generosität. Das bedeutet also, daß wir wissen: Wir können im Irak oder in Algerien nur helfen, wenn wir auch die Mittel haben, zu helfen bzw. diejenigen zu bekämpfen, die ja im Grunde der Meinung sind, sie werden eines Tages von Gott dazu designiert sein, den Fundamentalismus auch bei uns durchzusetzen. Das sind Möglichkeiten, die heute noch recht unwahrscheinlich erscheinen, aber wenn ich mit hohen Militärs aus der NATO zu tun habe, sage ich immer: Stellt euch einmal vor, daß aus gesamtpolitischen Gründen die Chinesen in ein paar Jahren beschließen, chinesische Atomraketen auf dem Boden einer integristischen, fundamentalistischen islamistischen Republik Algerien zu stationieren. Die werdet ihr dann sicher weniger leicht los als die Chruschtschowschen Raketen in Kuba.

Die Dinge, von denen ich hier spreche, liegen durchaus in den Möglichkeiten der schnell auf uns zukommenden politischen Welt-Wirklichkeit, und deshalb müssen wir uns eben auch darum bemühen, daß wir mächtig genug sind, um unsere Werte zu vertreten, aber daß die Macht auch in den Händen von Menschen liegt, die wissen, wozu sie einzusetzen ist, nämlich für ein generöses Europa und nicht für ein kolonialistisches oder hegemoniales, und dafür, daß wir der Außenwelt beweisen können, daß wir eben nicht mehr Kolonialisten sind. Wir müssen eine neue Beziehung herstellen zwischen den Notwendigkeiten der anderen großen Gemeinschaften und der Europäischen Gemeinschaft, von der ich hier voraussetze, daß sie in einigen Jahren auch die Rolle einer politisch-militärischen Weltmacht ausüben kann. Wenn es dazu nicht kommt, dann können wir den Laden schließen und es den Amerikanern überlassen, soweit sie dann dazu in der Lage sein werden, in der Welt von morgen das zu vertreten, was ja auch ein Teil ihrer Erbschaft ist, nämlich die Menschenrechte, die Demokratie, den Rechtsstaat. Ich bin jedoch der Meinung, daß in der polyzentrischen Welt des 21. Jahrhunderts Amerika allein dazu nicht in der Lage sein wird und daß auf die Dauer Amerika ein mächtiges und generöses Europa ebenso braucht wie wir ein mächtiges und generöses Amerika, was ja natürlich auch bedeutet, daß wir uns um materielle Einzeldinge durchaus streiten können, wie es die GATT-Verhandlungen gezeigt hatten. Wir müssen beweisen, daß wir andere nicht mehr ausbeuten wollen, aber auch, daß wir nicht bereit sind, uns von anderen ausbeuten zu lassen.

Ein großes Problem, dem wir in den nächsten Jahren begegnen werden, besteht darin, daß in der weltweiten Wirtschaft der Preis der Arbeit in Europa zu hoch ist und in China zu niedrig. Ich sage als Witz manchmal: Wenn ich Minister wäre, würde ich einen Geheimfonds anlegen zur Unterstützung der chinesischen Gewerkschaften, damit sie die Machthaber in China so ärgern, wie die europäischen Gewerkschaften im 19. und 20. Jahrhundert die wirtschaftlichen und politischen Machthaber geärgert haben. Dazu wird es auch kommen; wir haben es ja schon in Südkorea erlebt. Aber, so einfach sind die Dinge nicht; wir müssen wissen, daß wir einerseits unsere eigene Existenzfähigkeit bewahren müssen, also bewahren, daß die Menschen auch weiter glauben, daß es nützlich und gut ist, in Europa zu leben; daß wir zwar nicht alles so bewahren können, wie es zur Zeit des Wirtschaftswunders in Deutschland war oder einige Jahre später in Frankreich, daß es sich aber trotzdem lohnt, eine Ordnung neu zu formulieren, jeweils in der Kontinuität unserer Vergangenheiten, die es uns erlaubt, von gleich zu gleich auch über solche Dinge wie das Dumping auf Grund der billigen Arbeit mit China zu verhandeln, das bereits einer unserer großen kommenden Partner ist. Das ist die Voraussetzung dafür, daß wir den Kampf gegen den Fundamentalismus und andere Totalitarismen auch weiter führen können, und es ist die Voraussetzung dafür, daß zwischen den Großmächten der kommenden Welt eine gewisse Ordnung herrscht, so wie sie einige Jahrzehnte nach dem Wiener Kongreß – unvollkommen, mit großen politischen Negativitäten – in Europa bestanden hat. Immerhin hat es zwischen den Großmächten des Wiener Kongresses vierzig Jahre lang keine kriegerischen Auseinandersetzungen gegeben, und diese müssen wir natürlich in der Welt von morgen auch vermeiden und zwar für längere Zeiträume, ja für immer. Denn in der Zeit des Wiener Kongresses gab es noch keine Nuklearwaffen, die unsere Welt total zerstören können.

5. Mensch – Schöpfung – Gott

Ich komme hier noch einmal auf die Frage der Werte zurück, der Werte, die wir selber ernstzunehmen und die wir in den anderen Weltgruppen zu unterstützen haben: Sie sind die Folge der Aufklärung – nicht allein und exklusiv, aber sie sind in der Zeit der Aufklärung in England, Amerika und Frankreich formuliert und sehr schnell auch in vielen anderen Ländern übernommen worden. Hier kommt noch einmal das Problem der Aufklärung in meine Thematik. Ich habe einige von Ihnen durch einen bei mir schon traditionellen Witz über die notwendige Heiligsprechung von Voltaire etwas erstaunt. Was ich damit sagen will: Ich meine, es gibt Menschen, die man sehr verehren muß und die uns helfen können durch ihr Beispiel und durch ihre Fürsprache. Und da bin ich ganz überzeugt, daß ich nicht vergebens Voltaire bemühe, um mir zu helfen, denn er hat mir viel geholfen. Ich kann meine Familie in Regensburg bis ins 18. Jahrhundert hinauf verfolgen, und es gab einen berühmten Witz in meiner Familie: »Ein Regensburger Jude kommt nach Hause und sagt zu seiner Frau: ›Ich bin vorhin dem Fürsten von Thurn und Taxis begegnet, und er hat zu mir gesprochen!‹ Und die Frau fragt: ›Was hat er dir denn gesagt?‹ Er hat gesagt: ›Geh mir aus dem Weg, Saujud!‹« Ich will damit nur sagen, daß das Problem der Emanzipation ja auch eng verbunden ist mit der Idee der Aufklärung, und hier würde ich – ich bin ja kein Berufstheologe – aber doch meinen, daß es gut und richtig ist, zu sehen, daß die Ausschüttung der göttlichen Erleuchtung in ihren Folgen auf die Welt der Menschen auch etwas zu tun hat mit der Erleuchtung durch die »lumières«, durch die Aufklärung, die ja Klarheit bringen soll. Sie hat gewiß auch Unklarheit und Dunkelheit mitgebracht, aber das zentrale Anliegen ist doch, mehr zu wissen, mehr zu können, mehr zu verstehen und die Dinge besser zu machen.

Und in dem Sinne, meine ich, ist es wichtig zu sehen, daß der Mensch durch die Schöpfung den Auftrag erhält, die Welt klarer zu machen, und daß die Anerkennung der Menschenrechte und der Einsatz, um sie durchzusetzen, gegen Folter, gegen Ungleichheit, gegen Ausnützung, daraus folgt. Denn die Menschenrechte gelten ja nicht nur politisch, sondern auch wirtschaftlich und sozial; die katholische Soziallehre ist ja nicht zufällig entstanden, sondern weil sie ein wesentliches Element der Wirklichkeit verbessern wollte. All dies gehört zu dem Fortschritt des Lichtes, der »lumières«, und in dem Sinne meine ich, daß zu den ursprünglichen Erfahrungen, auf denen die europäische Geistigkeit und ihre Werke beruhen, die wir in den Raum stellen, und jeder kann sich ihrer bedienen –, daß zu ihnen eben auch das Fortschreiten des Lichtes bei allen Gegenkräften und allem Wirken der Dunkelheit gehört. Es ist für mich das zentrale Erlebnis, wenn ich an die Schöpfung denke, daß die Schöpfung eben zum Fortschritt der Erleuchtung, des Lichtes gemacht worden ist.

Und hier müßten wir nun ein weiteres langes Gespräch führen über die wechselseitigen Beziehungen des Schöpfers zur Schöpfung und – es gibt das schöne französische Wort »préposé« – zum Menschen, der der Schöpfung sozusagen vorangestellt wird, um sie zu führen und zu leiten. Und in meiner Sicht ist der Mensch eben der von Gott ernannte »préposé«, der »administrateur«, der Verwalter der Schöpfung; und die großen Veränderungen in der Wirklichkeit müssen wir auch im Lichte dieser Berufung sehen, der untreu zu werden wir permanent versucht sind, aber die eben auch, ich würde sagen, das Wesentliche an der Würde des Menschen ausmacht, der wir treu zu bleiben haben.

Wenn wir für die Rechte des Menschen eintreten in dem Bewußtsein, daß die Würde des Menschen durch die spezifische Rolle, die ihm in der Schöpfung zugeteilt wurde, fundiert ist – das ist für die nicht überzeugend, die nicht an die Schöpfung glauben, aber für uns ist das ein zentrales Element –, dann sehen wir die Verpflichtung, eben die Menschenrechte nicht nur als die Folgen der englischen oder der amerikanischen oder der Französischen Revolution zu begreifen, sondern mit vielen Schattenseiten und Schlacken, als ein Element der Durchdringung der Schöpfung mit »mehr Licht«, wie Goethe sagte. »Mehr Licht, mehr Licht!«, das Wort müssen wir alle gebrauchen, und die Menschenrechte sind ein Teil dieser Illumination der Schöpfung, an der zu arbeiten unser Auftrag ist.

Wir schulden Rechenschaft darüber, was wir aus der Schöpfung gemacht haben, die uns anvertraut worden ist, und ich würde hier gerne noch einen Gedanken hinzufügen, der mir mit zunehmendem Alter immer wichtiger erscheint, nämlich: daß die Beziehung des Menschen als Administrator der Schöpfung zum Schöpfer selbst nicht denkbar ist ohne große Veränderungen eben dieser Schöpfung im Laufe der zur Schöpfung zentral gehörenden Geschichte des Menschen. Für mich ist die Möglichkeit, die wir jetzt haben, die irdische Schöpfung global zu zerstören und die Menschheit zu zerstören, eine bedeutende Novität in der Struktur der Schöpfung, denn hier bekommen wir eine Macht, die die Menschheit vor uns nicht hatte. Ich würde also, wenn ich mir erlauben darf, in der Anwesenheit von Theologen solche Dinge zu äußern, der Meinung sein, daß sich hier sozusagen ein neuer Beweis der Liebe des Schöpfers zur Menschheit ereignet, denn er gibt uns eine neue Fähigkeit, die die Menschheit bisher nicht hatte und die in der bisherigen Entwicklung der Schöpfung nicht vorhanden war.

In dem Sinne würde ich gerne einmal eine Theologie der Atomkraft sehen, welche diese nicht nur als ein Verhängnis, sondern auch als eine völlig neue Möglichkeit darstellt: Wir können die Welt zerstören, aber wir können natürlich auch diese neuen Möglichkeiten zu ihrer Verbesserung, zu ihrer Humanisierung, zu ihrer Erleuchtung verwenden. Und wenn wir den Frauen im Irak beistehen, soweit das uns möglich ist, im Kampf für mehr Frauenrechte, wenn wir den Gegnern des Fundamentalismus in Algerien, soweit wir es können, beistehen, so geschieht dies nicht nur, um uns selbst zu schützen; es kommt auch aus der Verpflichtung heraus, daß wir an der weiteren Durchleuchtung der Schöpfung teilzunehmen haben. In diesem Sinne ist Politik für mich nicht einfach ein Akt der politischen Rationalität – natürlich ist sie das auch –, aber sie ist eben auch ein Element der Durchleuchtung, der Erleuchtung, an der mitzuwirken wir berufen sind.

Und damit haben wir dann letztlich die Antwort auf die Frage, was wir an »unverzichtbar Eigenem« haben. Unser »Eigenes« ist uns nur verliehen; es ist eben das, was uns in der Schöpfung anvertraut ist; wir sind nicht Besitzer, wir sind Verwalter. (Daher führt das Wort »unverzichtbar« in die Irre! Auf dieses uns Anvertraute dürfen wir nicht verzichten – und können wir gar nicht verzichten.) In der Totalität der Schöpfung haben wir Verwaltungsaufgaben; wir sind sozusagen Treuhänder, und das müssen wir sein gerade im Dienste der Werte, die in der Aufklärung formuliert worden sind, aber die natürlich bis weit in die Antike und ins Alte Testament hinaufreichen – die müssen wir jeden Tag weiter zu verwirklichen versuchen. Das gilt für die Welt von morgen, das gilt aber schon für die Welt von heute; das ist eine Aufgabe für jeden Tag und für jeden von uns, denn die Bedrohungen, die Feinde des Lichtes sind überall und jeden Tag, und in der Nacht ebenso wie am Tag, und niemand hat das Recht, solange er noch Kraft und Einfluß hat in seinem mehr oder weniger bescheidenen Kreis, den Kampf für mehr Licht aufzugeben.

Das habe ich immer wieder in den gleichzeitig erschreckenden und erhebenden Monaten in Dachau erlebt. Es gibt Momente, in denen von der Menschlichkeit nichts übrigbleibt, aber es gibt immer wieder auch Momente, in denen sie plötzlich aufleuchtet. Ich kann Ihnen da am Abschluß ein Beispiel zitieren. Es war die Gewohnheit: Wenn ein Häftling weggelaufen war und wenn man ihn erwischte, wurde er zuerst auf dem großen Appellplatz ausgestellt am Pranger, und dann wurde ein anderer Mithäftling beauftragt, ihm 50 Hiebe zu geben. Und da designierte der wachhabende SS-Mann irgendeinen ihm bekannten Häftling, und da wurde für einen jugoslawischen oder russischen jungen Häftling, der durchgebrannt war und den man wiedergefangen hatte, ein Blockältester, also ein Mann, der in der Lagerhierarchie eine bedeutende Rolle spielte, ein deutscher Kommunist, designiert, der schon 10 Jahre im Lager war. Das war Anfang 1945, er hatte also 10 Jahre Lager überlebt, und wir wußten alle, in zwei oder drei Monaten ist es zu Ende. Und der Mann hat gesagt: »Das tue ich nicht, ich schlage keinen Mithäftling«. Und wir haben ihn nie wieder gesehen. Ich weiß nicht, was aus ihm geworden ist, aber es ist klar: Dieses Nein aus Dachau ist für mich ein Beweis der Permanenz der Menschenwürde und der Wirksamkeit des Lichtes, von dem ich hier gesprochen habe.

Europa am Ende – Europa am Anfang?

Zehn Thesen

HANS MAIER

Europa ist immer wieder totgesagt worden. Es hat sich aber auch immer wieder aus Krisen und Katastrophen mit neuer Kraft erhoben. Im Zeitalter des Nationalstaats pflegten sich nur die Unterlegenen auf Europa zu berufen – was Bismarck zu dem berühmten Kommentar veranlaßte: »Qui parle de l'Europe a tort.« Heute hält man eher diejenigen für rückwärtsgewandte Propheten, die bedingungslos die nationalstaatliche Souveränität verteidigen. In der öffentlichen Meinung zumindest der kontinentaleuropäischen Länder ist die übernationale Zusammenarbeit etwas so Selbstverständliches geworden, daß man sagen könnte: »Qui parle de la nation a tort.«
Europa am Ende – Europa am Anfang: Ich will diesen Wandel der Perspektiven in zehn Thesen zu verdeutlichen versuchen.

Erste These: Europa erlebte in diesem zu Ende gehenden Jahrhundert seinen tiefsten Fall. Es hat sich 1914–1918 in einem neuen Peloponnesischen Krieg selbst zerstört.

Man erinnere sich: Europäische Kultur war zu Ende des vorigen Jahrhunderts auf der Höhe ihrer Wirksamkeit. Sie war ein Ensemble sehr verschiedener, oft in Spannung zueinander stehender Kräfte – von den antiken und christlichen Überlieferungen bis hin zu den säkularen Schöpfungen der Moderne in Recht, Ökonomie, Technik und Politik. In der Bündelung und Ballung dieser Kräfte wirkte die europäische Kultur auf die älteren und jüngeren Weltkulturen ein. Sie stand ebenso hinter dem christlichen Missionar

116

wie hinter dem erobernden Kolonisator, sie war Mitgift und Reise-gepäck unzähliger Handelsleute, Soldaten, Gelehrter, Verwal-tungsleute, Ingenieure und Techniker, die sich in den neuzeitlichen Jahrhunderten anschickten, die noch unbetretenen Regionen der Erde europäischem Gebot zu unterwerfen. So stand die Zeit von den großen Entdeckungen bis zum Ersten Weltkrieg im Zeichen einer kaum angefochtenen Dominanz europäischer Kultur. Die Europäer übten in dieser Zeit eine kulturelle Hegemonie über große Teile der Welt aus. Ob es sich um Wirtschaftsformen han-delte, um technische, administrative, militärische Standards, um wissenschaftliche Erkenntnisse oder um ästhetische Normen – Eu-ropa setzte überall die Maßstäbe. 1892 wurde die Entdeckung Amerikas durch Kolumbus in allen Ländern Europas mit stürmi-schem Jubel gefeiert. Das Ereignis galt als Beginn der Erschließung der Welt durch Europa, als Ouvertüre für die Bildung kolonialer Reiche, als Auftakt für den Siegeszug europäischer Kultur.

Doch die Nemesis war nahe. Wenig mehr als 25 Jahre später hatte sich Europa in einem Weltkrieg selbst zerstört. Im Lauf des 20. Jahrhunderts schwand seine Weltmacht und mit ihr die kultu-relle Dominanz. Nach einem Zweiten Weltkrieg war von der Glo-rie europäischer Kultur nur noch ein matter Glanz geblieben. Die Welt entzog sich endgültig der Vormundschaft des alten Konti-nents.

Zweite These: Die 1917–1920 geschlossenen Friedensverträge (Brest-Litowsk, Bukarest, Versailles, Saint-Germain-en-Laye, Neuil-ly, Trianon, Sèvres) führten zu keiner dauerhaften Befriedung Europas. Sie lieferten Ost-, Mittel- und Südeuropa in den zwanzi-ger und dreißiger Jahren autoritären und totalitären Regimen aus, die eine grundsätzliche Revision der nach dem Krieg gezogenen nationalstaatlichen Grenzen anstrebten.

Sowohl Brest-Litowsk und Bukarest wie Versailles und die Vorort-Verträge waren Sieg- und Diktat-Frieden (zuerst der Mittelmächte, dann der Alliierten). Beide haben keine auf Gerechtigkeit gegrün-dete dauerhafte internationale Ordnung geschaffen, sondern eine Fülle neuer Probleme erzeugt, die von Territorial- und Grenzfragen bis zu gravierenden Belastungen der Weltwirtschaft reichten. Mit dem Ende der übernationalen Reiche (Österreich-Ungarn, Russisches Reich, Osmanenreich) vervielfältigten sich die Nationalitätenfragen. Das Prinzip des Selbstbestimmungsrechts wurde von den jeweiligen Siegern selektiv ausgelegt und angewendet. Der Völkerbund erwies sich – ohne amerikanische Beteiligung – als zu schwach zur Kanalisierung der politischen Dynamik Nachkriegseuropas.

Die autoritäre Umformung zahlreicher europäischer Monarchien und Republiken nach 1918 schien den Kontinent in ein »Europa der Diktaturen« zu verwandeln. Das Spektrum reichte von Mussolinis Italien bis zu Pilsudskis Polen, von Kemal Paschas früher Militär- und Entwicklungsdiktatur bis zu den »späten« Diktaturen Salazars und Francos – von der Führung des revolutionären Rußlands, die seit Lenin und Trotzki ganz offiziell die Diktatur des Proletariats erstrebte, nicht zu reden. Eine wichtige Rolle bei der Ausbreitung autoritärer und totalitärer Strömungen spielten die Verwundungen, die der Weltkrieg bei den Geschlagenen hinterlassen hatte (zu denen man Rußland und Deutschland, aber auch Italien zählen muß): Es ist kein Zweifel, daß Kommunismus, Faschismus, Nationalsozialismus in Ländern zur Macht gelangten, die Weltkriegsopfer waren und unter ihrem politischen Rangverlust litten.

Dritte These: Die Politik Hitlers und Stalins und der Zweite Weltkrieg zerstörten das verhängnisvoll geschwächte Europa gänzlich. Es wurde nach 1945 erstmals in seiner Geschichte geteilt und verlor für längere Zeit seine politische Handlungsfähigkeit. Der Ost-West-Konflikt zog eine Grenzlinie mitten durch Europa hindurch, während sich Asien und Afrika endgültig von der europäischen Vorherrschaft frei machten und die Kolonialreiche der Engländer, Franzosen, Holländer, Belgier und Portugiesen sich auflösten.

Ost-, Mittel- und Südosteuropa lagen in dieser Zeit im toten Winkel der Geschichte. Die Politik hatte die Geographie überlagert: Warschau, Budapest und Prag wurden östliche Städte, Wien und

118

Helsinki westliche. Europa büßte seine alte kulturelle Gemeinsamkeit ein. Es war nur noch ein geographischer Begriff, eine historische Reminiszenz. Ein letzter Versuch gemeinsamen Handelns nach dem Zweiten Weltkrieg war die Reaktion West- *und* Osteuropas auf das Angebot des Marshall-Plans im Jahr 1947 – doch ein gemeinsames Vorgehen scheiterte am Einspruch der Sowjetunion, die den mittel- und osteuropäischen Staaten die Teilnahme verbot. In der Zeit des Kalten Kriegs war der Austausch zwischen dem Osten und dem Westen Europas gering – er beschränkte sich auf private Verbindungen, persönliche Dienstleistungen und Hilfen. Der Eiserne Vorhang war dicht. Man konnte mit Osteuropa kaum telefonieren oder korrespondieren. Reisen waren lange Zeit fast unmöglich. Alte wirtschaftliche und kulturelle Verbindungen rissen ab. Im Westen, vor allem in Deutschland, hatte man mit dem Strom der Flüchtlinge und Heimatvertriebenen, mit der Eingliederung, der Schaffung von Wohnraum und Arbeitsmöglichkeiten alle Hände voll zu tun. Unterdessen schritt die Sowjetisierung des europäischen Ostens in raschem Tempo fort.

Vierte These: Das Ende der europäischen Kolonialreiche nach 1945 führte weltweit zu einer Ent-Europäisierung der Kulturen. Die von Europa Kolonisierten (oder im Zug der europäischen Weltausbreitung »Modernisierten«) kündigten Europa ihre kulturelle Loyalität auf. Die europäische Kultur fand keine Nachfolge in den pluralistischen Kulturen der Gegenwart.

Am frühesten lösten sich (schon seit der Jahrhundertwende) China und Indien aus ihren kulturellen Abhängigkeiten: Die Namen Sun Yat-sen und Gandhi stehen nicht nur für politische Befreiung, sondern auch für die Besinnung auf kulturelle (konfuzianische und hinduistische) Traditionen. Länger brauchten die Länder der arabischen und afrikanischen Welt: Hier trieben in der Zeit nach 1945 panislamische und panafrikanische Bewegungen den Prozeß der Entkolonisierung voran. Am spätesten erwachte die süd- und mittelamerikanische Welt: Sie gewann zunächst, seit den sechziger Jahren, in der Auseinandersetzung mit Nordamerika ihre »hispanische Identität« zurück; heute sucht sie nach ihren vor-

und außerhispanischen, indianischen und afrikanischen »Wurzeln«.

Selten ist die Abwendung von Europa mit so viel Leidenschaft und Verbitterung proklamiert worden wie in dem 1961 erschienenen Buch »Les damnés de la terre« (Die Verdammten dieser Erde) des auf Martinique geborenen, in Frankreich ausgebildeten algerischen Arztes Frantz Fanon. Das Buch, ein Manifest der antikolonialen Revolution, ist eine aggressive Antwort auf die vor allem von französischen Gelehrten vorgetragene These einer vorkolonialen Barbarei Afrikas. Aber Fanon sucht das Heil nicht in Konzepten eines afrikanischen Universalismus, nicht in den »mumienhaften Fetzen« altafrikanischer Kultur, nicht in der intellektuellen Konstruktion einer »Négritude«. Der kolonisierte afrikanische Intellektuelle soll vielmehr »in die Eingeweide seines Volkes« eintauchen, er soll am nationalen Befreiungskampf teilnehmen; denn seine Nation beweist man nicht mit Hilfe der Kultur, man erweckt sie nur im Kampf zum Leben. Das bedeutet eine Absage an den – nach Fanons Meinung von Europa selbst verratenen – europäischen Universalismus:

»Verlassen wir dieses Europa, das nicht aufhört, vom Menschen zu reden, und ihn dabei niedermetzelt, wo es ihn trifft, an allen Ecken seiner eigenen Straßen, an allen Ecken der Welt.

Ganze Jahrhunderte lang hat Europa nun schon den Fortschritt bei anderen Menschen aufgehalten und sie für seine Zwecke und seinen Ruhm unterjocht; ganze Jahrhunderte hat es im Namen seines angeblichen ›geistigen Abenteuers‹ fast die gesamte Menschheit erstickt. Seht, wie es heute zwischen der atomaren und der geistigen Auflösung hin und her schwankt.

Und trotzdem kann man von ihm sagen, daß es alles erreicht hat.

Mit Energie, Zynismus und Gewalt hat Europa die Führung der Welt übernommen. Seht, wie der Schatten seiner Monumente sich ausbreitet und vergrößert. Jede Bewegung Europas hat die Grenzen des Raumes und des Denkens gesprengt. Europa hat jede Demut, jede Bescheidenheit zurückgewiesen, aber auch jede Fürsorge, jede Zärtlichkeit.

Nur beim Menschen hat es sich knauserig gezeigt, nur beim Menschen schäbig, raubgierig, mörderisch.

Brüder, wie sollten wir nicht begreifen, daß wir etwas Besseres zu tun haben, als diesem Europa zu folgen.«

Fünfte These: Trotz der offenkundigen Schwächung und Teilung Europas nach 1945 war jedoch die geistig-politische Dynamik der Europäer nicht endgültig gebrochen. Im Westen kamen seit 1951 auf Initiative Robert Schumans, Konrad Adenauers und Alcide de Gasperis Prozesse wirtschaftlicher, später politischer Zusammenarbeit in Gang. Diese Entwicklung verband sich seit den achtziger Jahren mit den von Polen ausgehenden Freiheitsbewegungen in Mittel- und Osteuropa, die 1989–1991 zum Sturz der kommunistischen Herrschaft und zur Auflösung der Sowjetunion führten.

1967 entstand aus der Fusion von Montanunion, EWG und EURATOM die Europäische Gemeinschaft. Es folgte die Bildung einer Teil-Exekutive (Ministerrat, Kommission), eines Europäischen Gerichtshofes und eines – seit 1979 von den Völkern direkt gewählten – Parlaments (mit vorläufig allerdings nur bruchstückhaften, erst in jüngster Zeit leicht verstärkten Zuständigkeiten). Ende 1992 war der Europäische Binnenmarkt vollendet. 1993 lag mit dem hart umkämpften Vertrag von Maastricht ein erster verbindlicher Bauplan für ein »europäisches Haus« vor. 1999 soll die Wirtschafts- und Währungsunion mit der Einführung des Euro abgeschlossen sein.

Seit 1991 steht die wirtschaftliche und politische Integration Ost-, Mittel- und Südosteuropas auf der europäischen Tagesordnung. Es geht um die Frage, ob der Osten Europas nach dem Fall der Mauern eine europäische Zukunft haben wird – oder nur eine postkommunistische. Das hat für Deutschland besonderes Gewicht.

Es gilt, alte wirtschaftliche Verflechtungen, alte Handelsstrukturen zwischen Deutschland und seinen östlichen Nachbarn neuzubeleben, damit die Teilungen der Nachkriegszeit überwunden werden können und das Wohlstandsgefälle von Ost nach West allmählich verringert wird. War und ist die Europäische Union der großangelegte Versuch, im Norden und Süden Europas wirtschaftliche Prosperität und vergleichbare Lebensverhältnisse für alle zu schaffen, so stellt sich diese Aufgabe in den nächsten Jahrzehnten ebenso für die östlichen Teile Europas.

Sechste These: Westeuropäische Integration und osteuropäische Freiheitsbewegungen haben die durch weltpolitische Polarisierungen erzwungene Spaltung Europas in zwei Blöcke beendet. Sie waren jedoch – wenigstens bisher – noch nicht imstande, Europa seine alte Selbständigkeit und seine frühere weltpolitische Stellung zurückzugeben. Bemühungen um eine gemeinsame europäische Verteidigungs- und Sicherheitspolitik scheiterten bereits 1953 mit dem Fehlschlag der Europäischen Verteidigungsgemeinschaft (EVG). Ohne ein Mindestmaß einer gemeinsamen Außen- und Sicherheitspolitik ist jedoch die Europäische Union dazu verurteilt, ein politischer Torso zu bleiben.

Es war richtig, daß die Europäische Gemeinschaft auf die Vorgänge in Ost- und Mitteleuropa 1989/90 nicht mit einer Verlangsamung, sondern mit einer Beschleunigung des Integrationstempos geantwortet hat. Heute erkennen wir freilich, daß das auch Probleme mit sich brachte. Erstmals verbreitete sich nicht nur in England, sondern auch in den klassischen Europa-Nationen Frankreich und Deutschland (vom Norden Europas nicht zu reden) eine gewisse Europa-Skepsis. Viele fühlten sich durch Gangart und Tempo überfordert. Der Ruf nach parlamentarischer und demokratischer Legitimation wurde stärker. Die Demokratie-Defizite einer vorwiegend technisch und administrativ vorangetriebenen Integration drangen ins öffentliche Bewußtsein. Endlich hat sich in den vergangenen Jahren auch die Lage in Mittel- und Osteuropa differenziert: Dort steht den auf Beitritt zur Union drängenden Ländern Polen, Ungarn, Tschechien, dem Baltikum und der Ukraine inzwischen eine Staatengruppe gegenüber, die nicht in die Union will: Rußland, Weißrußland, Restjugoslawien. Die Osterweiterung ist inzwischen zum Hauptthema der EU geworden. Wie der Beitritt sich tatsächlich abspielen wird, ist noch offen: Vom Sicherheitsbedürfnis dieser Länder her (und auch von ihrer kulturellen Zugehörigkeit!) wäre ein rasches Vorgehen wünschenswert

122

– wirtschaftlich freilich wirft ein geschlossener Beitritt auch viele Probleme auf.

Siebte These: Europa braucht eine Konzeption, die es in die Lage versetzt, seine Egoismen zu überwinden. Ein Kontinent, der in einem langen und schmerzhaften Prozeß die Prinzipien der Menschenrechte, der sozialen Gerechtigkeit, der Solidarität, der Freiheit und des Friedens entwickelt, erkämpft und erprobt hat, muß jetzt seine Fähigkeit erweisen, diese Maximen auch für seine eigene staatliche und gesellschaftliche Ordnung unter neuen Bedingungen in einem größeren Rahmen anzuwenden. Die Realisierung dieser Aufgabe wird nicht nur den europäischen Völkern zugute kommen. Gewinnt Europa seine Dynamik, seine geistige Ausstrahlungskraft zurück, so wird es auch wieder wie früher auf die Welt einwirken.

Erforderlich ist also die Entwicklung eines neuen Gefühls europäischer Zusammengehörigkeit. Die Probleme der Bevölkerung in entfernt liegenden Regionen Europas sollten uns genauso wichtig werden wie die Probleme im eigenen Land. Von einer solchen Solidarität sind wir aber noch weit entfernt. Das zeigte die Hilflosigkeit Europas angesichts der serbischen Aggression im ehemaligen Jugoslawien, das zeigt die Schwäche gegenüber der internationalen Macht der Mafia und des Euroterrorismus. Noch sind wir weit davon entfernt, solche Bedrohungen als gemeinsame Bedrohungen zu empfinden – und die daraus erwachsenden Aufgaben als gemeinsame Aufgaben.
Eine solche Solidarität und ein solches Zusammengehörigkeitsbewußtsein sind freilich nicht durch Aufrufe und durch die Pflege einer vordergründigen Europabegeisterung zu erreichen. Hier sind wir sehr viel nüchterner geworden als in früheren Zeiten. So unbefriedigend und unzureichend die bisherige Praxis der europäischen Zusammenarbeit für das Zusammengehörigkeitsgefühl der Europäer auch gewesen ist, die Pragmatik der Europa-Politik hat uns doch auch vor Illusionen bewahrt und auf die entscheidenden Probleme hingelenkt. Auch der Europaskepsis der Briten kann man in diesem Zusammenhang durchaus positive Seiten ab-

gewinnen. Es ist ja besser, ein Zug kommt langsam und gleichmäßig in Bewegung, als er springt bei allzu rascher Fahrt aus den Gleisen.

Achte These: Sowohl die alten Reiche wie die ideologischen Blockbildungen sind zerbrochen. Beide sind in der heutigen Welt überholt. Zu ihnen führt kein Weg zurück – es sei denn der Weg der Gewalt und des Krieges. Anderseits ist auch der Nationalstaat als zentrale Ordnungsform auf die postkommunistische osteuropäische Wirklichkeit nicht ohne weiteres anwendbar. Er bedarf erheblicher Modifikationen.

Die Gründe sind vielfältig: Siedlungsräume und Grenzen waren in Mittel-, Ost- und Südosteuropa bis in die jüngste Zeit hinein viel mehr fließend und offen als im Westen Europas; ethnische Gemengelagen verhinderten lange, daß sich homogene Nationalstaaten bildeten wie im Westen, Süden und Norden Europas (auch hier übrigens nicht ohne Einsatz von Gewalt und Verdrängung konkurrierender Ethnien – man denke an die Frühgeschichte Frankreichs, Englands, Spaniens!). Selbst die durch die Vorortverträge von 1919/20 geschaffene internationale Ordnung kam nicht ohne Kompromisse aus: Sie beseitigte zwar die übernationalen Reiche, kombinierte jedoch den Nationalstaat vielfach mit Hegemonialstrukturen und verankerte den Minderheitenschutz nur unzulänglich im Völkerrecht.
Für heutige nationalstaatliche Optionen in Mittel-, Ost- und Südosteuropa wird man daher fordern müssen, daß sowohl die Rückkehr zu Hegemonialreichen wie auch die gewaltsame Herstellung ethnischer Homogenität ausgeschlossen werden. Nötig sind vier »Öffnungen« des nationalstaatlichen Konzepts:
a) Minderheitenschutz und Minderheitenvertretung;
b) individuelle, soziale *und* kulturelle Menschenrechte;
c) eine föderalistische Staatsorganisation, die das Eigenleben von Regionen und Minderheiten stärkt;
d) Bereitschaft zur internationalen Zusammenarbeit und zur übernationalen Integration.
Gewiß ist ein solches Konzept kein im strengen Sinn nationalstaat-

liches mehr. Aber die Entwicklung in Westeuropa – vom Schumanplan bis zu den Verträgen von Maastricht und Amsterdam – zeigt, daß sich die Konzepte von Nationalstaat und übernationaler Integration über eine weite historische Strecke hin verbinden lassen. Auch in der Europäischen Union ist der Übergang zu »Vereinigten Staaten« mit einer gemeinsamen Exekutive noch lange nicht erreicht – wenn sie je erreicht werden wird. In der »nachholenden Integration« des europäischen Ostens dürfte der Nationalstaat ebenfalls noch längere Zeit eine Rolle spielen; die Wendung zur »offenen Republik« kann freilich schon heute eingeleitet werden. Eine solche Konzeption für den Osten Europas entspräche zugleich der geschichtlichen Entwicklung, wie sie sich nach 1948 im Westen Europas abgespielt hat. Hier wurden alte nationale Rivalitäten zurückgedrängt und abgebaut durch das Programm einer übernationalen Integration. Dadurch wurde vor allem der alte Konflikt zwischen Deutschland und Frankreich entschärft. Das deutsch-französische Verhältnis wurde zu einer Antriebskraft für die europäische Zusammenarbeit. Der Europagedanke hat sich in Westeuropa in doppelter Weise als produktiv erwiesen: Er erlaubte es dem geschlagenen Deutschland, eine neue politische Identität zu finden – und er schuf ein System wechselseitiger Bindungen, das es wiederum den Nachbarn der Deutschen erleichterte, mit dem demokratischen Deutschland zusammenzuarbeiten. Dies gilt vor allem für die Zeit seit 1990, seit der deutschen Wiedervereinigung; denn vergessen wir nicht: Die große Veränderung in der Mitte Europas hat auch alte Ängste und Empfindlichkeiten im Osten und Westen neu belebt.

Neunte These: Manche meinen, man müsse dem Nationalstaat, den nationalen Traditionen gänzlich abschwören – und sogleich sähe die europäische Zukunft freundlicher aus. Das ist, meine ich, ein Irrtum. Gewiß ist ein Europa der Regionen wünschenswert, und gerade Deutschland hat hier aus seinen föderalistischen Traditionen, aus seiner landsmannschaftlichen und kulturellen Vielfalt vieles beizusteuern. Aber auf Elemente des Nationalstaats wird auch das künftige Europa nicht verzichten können.

Die Imperien, die Reiche schwinden in der gegenwärtigen Welt dahin. Nationalsozialismus und Kommunismus sind – zumindest in Europa – untergegangen. Verschwunden sind auch die Kolonialreiche britischer, französischer, niederländischer und anderer Observanz. Viele neue Staaten sind entstanden. Überblickt man die letzten Jahrzehnte, so geht die Tendenz eher zum Kleinstaat als zum Weltstaat. (Das ist zunächst einmal etwas Positives. Ein Kleinstaat ängstigt nicht. Aus einem Weltstaat dagegen kann man nicht mehr emigrieren!) »Föderalistische« Staaten – in einem weiten Sinn verstanden – sind überall auf der Welt im Vordringen. Das ist begreiflich: Die technische und mediale »One World«, das große Welt-Dorf vor unseren Fernsehaugen verlangt ein Gegengewicht. Je einheitlich-uniformer die Welt, desto stärker das Verlangen nach »Heimat«, nach überschaubaren, erlebbaren Verhältnissen. Nur in solchen begrenzten Räumen kann sich ja Verantwortung bilden, kann Verantwortungsgefühl entstehen.

Wenn aber einerseits die Imperien verschwinden, andererseits die »Basis« der Staaten tiefer gelegt wird, dann bedarf es einer Auffangstellung – und das dürfte ein reformierter, ein kooperativer, grundrechtlich domestizierter Nationalstaat sein.

So wird die gegenwärtige Lage Europas allen Beteiligten Phantasie und Gestaltungskraft abfordern. Eine umfassende Analyse der sozialen und politischen Tatsachen ist nötig. Dabei sollte man das ganze Jahrhundert im Blick haben und die Erfahrungen der Vergangenheit bedenken – in einer Situation, in der die Euphorien des Jahres 1989 verflogen sind, in der an die Stelle des raschen Gipfelsturms die »Mühen der Ebene« getreten sind.

Als Schlußthese eine Frage: Wer wird das künftige Europa regieren? Meine Vermutung: die Vielsprachigen, Kompromißfähigen, die parlamentarisch und diplomatisch Erfahrenen – keine Nationalisten, keine blinden Souveränitätsverteidiger, keine Monolingualen.

Ich will nicht geradezu an den Immerwährenden Reichstag in Regensburg erinnern oder an die komplexen Abstimmungsmodalitäten im Wiener Reichstag des späten Habsburgerreiches; aber jedenfalls wird von künftigen europäischen Parlamentariern und Ministern mehr verlangt werden als von Parlamentariern und Ministern traditioneller nationalstaatlicher Art und Herkunft. Wer ein solch kompliziertes System handhaben will, der muß ein Verhandlungskünstler und Sprachvirtuose sein, ein wandelnder Vermittlungsausschuß, eine Inkarnation des Subsidiaritätsprinzips, ein Engel an Langmut, ein Ausbund von Gremiengeduld. Immerhin, es gibt solche Menschen, vor allem gibt es sie im mehrsprachigen Zwischeneuropa von Luxemburg bis Ungarn – man denke nur an Robert Schuman, Joseph Bech, Paul-Henri Spaak, an Jacques Santer, Jean-Claude Juncker und viele, viele andere. Aus solchem Holz geschnitzte Leute werden eines Tages Europa regieren – nicht im Stil karolingischer Herrscher, französischer Sonnenkönige oder preußischer Monarchen, eher auf die händlerisch-listig-pragmatische Art Karls IV., des Luxemburgers, der ein höchst erfolgreicher Diplomat und Vermittler, dazu ein Kulturpolitiker von hohen Graden war.

Immer vorausgesetzt – wie gesagt –, daß es Europa geben wird. Aber da bin ich zuversichtlich. Ist nicht schon das bisher Geschaffene, in wenigen Jahrzehnten Erreichte ein kleines Wunder, mißt man es am nationalstaatlichen Europa des 19. Jahrhunderts und an Bismarcks abgründiger Skepsis: »Qui parle de l'Europe a tort«?